お茶を楽しむ

八寸・強肴で困らない本

懐石料理「温石会」主宰
入江亮子

世界文化社

はじめに

茶道を学ぶ大きな目標の一つに、茶事を自身ですべて取り仕切る――つまり亭主をやる――ということが挙げられるかと思います。

亭主の仕事はお茶を点てるだけでなく、日程を決めてお招きするお客様にご案内状を出し、時期やテーマに沿った軸や花、茶碗など道具の取り合わせを検討したり、旬の食材を盛り込みながら懐石の献立を考えたり、炭を洗ったり、茶室はもとよりお庭も清めたり、当日だけでも、打ち水をしたり、料理を作ったり、炭をおこしたり、細かいことまで入れれば百でも足りないほど。私も毎回半べそでやっております。

なんとか準備も整い、いよいよ茶事。折敷が出され、懐石から始まります。この懐石は濃茶一服に向けての〝おしのぎ〟ではあるのですが、それだけでなく〝同じ釜の飯〟を一緒にいただくことによって、徐々に一座建立の準備ができていく……そんなひとときでもあるかと思います。


なかでも盃事は、お客様同士、また亭主とお客様が、後座の前にコミュニケーションを深める大切なシーンです。

ですが、残念ながらそこで出される八寸は、ワンパターンになりがちですし、さらにもう少し肴が欲しいという場合、ちょっと急には思いつかなかなかったりしますよね。

本書では、少しでも懐石のなかの八寸や強肴のお悩みを軽くして、一服の美味しいお茶を点てることに集中できるよう、日本各地の特産品やフランス料理、中国料理など各国料理から、八寸や強肴に用いられそうなものをピックアップしました。デパ地下やアンテナショップも大活躍です。

レシピもできるだけ簡略にわかりやすくしました。

さらに茶事に向くお酒や、選び方などにも触れています。

実はこれ、お茶事だけでなく、おうち飲みの肴を作るうえでもお使いいただける内容になっております。ぜひ、キッチンの片隅にでも置いていただき、日頃の肴作りのお供にもしていただければ幸いです。

入江亮子

茶懐石・精進料理・日本酒などわが国古来の伝統食文化を継承する「温石会（おんじゃくかい）」主宰。今までに手がけた茶懐石の出張料理は３００回以上。地方特産品や和食店メニューの開発など、活躍は多岐に渡る。利酒師、日本酒学講師でもある。

目次

レッスン1 季節の八寸

レッスン2 作り置きできる おうち八寸

レッスン3 デパ地下八寸

レッスン4

日本酒とのマリアージュを楽しむ
地方八寸

強肴

レッスン1

「浸す」強肴

レッスン2

「和える」強肴

レッスン3

「お助け食材」強肴

正午の茶事　懐石の流れ

飯・汁・向付

↓

一献目

↓

飯器、汁替え

↓

煮物椀

↓

二献目

↓

焼き物、預け鉢

↓

飯器、亭主相伴

↓

箸洗い

↓

八寸、三献目（千鳥の盃）

↓

強肴

↓

湯桶、香の物

↓

主菓子

＊本書の料理の材料は、基本的にお客さま４人＋亭主１人の５人分で表記しています。
カップは200cc、大さじ１は15cc、小さじ１は５ccです。
＊本書は裏千家の教えに基づいています。各流儀の教本、習いをご優先ください。

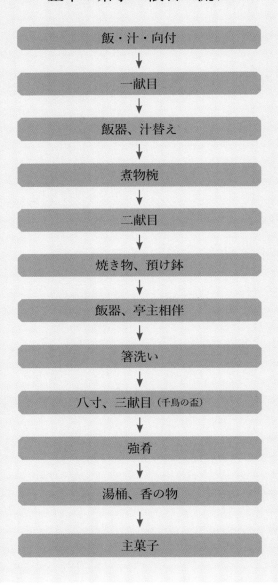

八寸

そもそも八寸とはなんですか？

一汁三菜の焼き物までの懐石が終わり（炊き合わせ、和え物といった預け鉢が出る場合も多いです）、箸洗いでリフレッシュした後、亭主と客の盃事に出す酒肴のことです。

主に杉木地の八寸（約二十四センチ）四方の盆に載せて出されることから、やがてその酒肴自体を八寸と呼ぶようになりました。

会席料理の場合には、オードブル的に食事の最初のほうに旬の食材など数種を彩りよく盛り付けて出てきますので、茶懐石と順番がかなり違いますし、器も杉八寸で出てくることは少ないかと思います。

一〇ページからは、主に茶懐石の八寸の基本をご説明したいと思います。

燗鍋を持ち出す時は、液だれしないよう、懐紙を小さく折って添えましょう。

『酒の肴』です

山 ─ 焼き山芋

海 ─ 炙りばちこ

素朴で茶味ある渋い取り合わせです。

茶懐石における「八寸」の基本

基本は杉八寸を使います

何年も使っている方も多いかと思いますが、本来は毎回新しい杉木地八寸を使います。事前に水に浸けてから軽く拭いて盛り付けます。杉八寸には綴じ目があります。必ず綴じ目を向こうにして盛り付けましょう。十月の名残月のみ、塗り八寸が使われます。

海と山があります

二種を盛るのが基本です。よく海のもの、山のものという言い方をしますが、海のものは生臭な動物性のものを指し、山のものは精進の植物性のものということです。

時にお客様からのいただきものや、珍しいものでお出ししたいものがあった場合、三種になる場合もあります。

手前左に海のもの、右奥に山のものを置きます。掻敷などは使用しません。お客様の人数＋亭主分の数を最低限盛り付けます。

箸は青竹、器・箸とも必ず水で濡らします

基本的には青竹の中節を使用しますが、名残月のみ過去に使って色褪せた青竹か白竹の箸を用います。箸も杉八寸と同様、水に浸けてから使用します。浸けるには百円ショップなどで売っているカトラリー入れがちょうどいい大きさです。

汁気のあるものを盛り付ける時は、きちんと拭いて

汁気のあるものを盛り付ける時はキッチンペーパーなどに載せて汁気を取ってから盛り付けましょう。

● 注意すること

・小吸い物椀の蓋に盛ることを意識し、ひとつひとつをあまり大きくしないようにしましょう。

・海のものと山のものが似たような形、同じような色味、同じ調理法、同じ味わい、似た食感にならないよう、対照を意識して作りましょう。

・銀杏やむかごなど、小さくて取りにくいものは、松葉などに刺して出しましょう。

・流儀によって、使用する箸も違いますし、盛り付け方も違います。そもそも盃事をしない流派もありますので、必ずお習いの先生に確認しましょう。

レッスン Lesson 1 季節の八寸

春 桜の便り届く

桜の時期は、茶事もたくさん行われますね。春爛漫を感じる海山にしましょう。桜の型で人参や山芋を抜いたり、蕗の薹やたらの芽などの山菜や筍、桜鱒などで春うららな八寸を。

春の山

- うど白煮
- 菜花辛子漬け
- 蕗の薹の味噌漬け
- たらの芽お浸し
- 桜麩旨煮

春の海

- 桜鱒の一塩焼
- 鯛の子の旨煮
- 才巻海老の黄身寿司
- 蒸し蛤
- 飯蛸旨煮

山―山芋の桜花梅酢漬け
海―鮭燻製

料理の作り方は30ページ

酒器＝清水六兵衛作

レッスン1
季節の八寸

春
初風炉のころ

風薫る五月。初夏を思わせる日も多くなってくるころです。山菜も野趣あふれる天然のものが出回って参りますし、絹さや、うすい豌豆、天豆など豆類も豊富。魚ではなんといっても初鰹。角煮などにしてぜひ八寸にも登場させてください。

春の山

- 茹で天豆
- 新蓮根の甘酢漬け
- 笹竹旨煮
- 揚げ新馬鈴薯
- こしあぶらの天ぷら

春の海

- 鰹の角煮
- 茹で蛍烏賊
- 稚鮎のから揚げ
- 鳥貝の酢〆
- きびなご一夜干し

料理の作り方は31ページ

山 – 天豆の旨煮
海 – 細魚の一夜干し

レッスン1
季節の八寸

夏

盛夏近づく

夏は清涼感あるさっぱりとした海山がよいですね。野菜では茄子やトマトなどのなりものが、魚では鱚や穴子が美味しい季節です。できるだけシンプルに、さっと焼いて調味は塩のみ、あるいは酢〆がよろしいかと思います。

夏の山

- 枝豆塩茹で
- 白瓜の雷干し
- 新生姜の甘酢漬け
- 焼き獅子唐
- 新丸十の旨煮

夏の海

- 鰹生節
- 鱚の一夜干し
- 蒸し鮑
- 鰻八幡巻き
- 才巻海老の酒煎り

山ー食用ほおずき
海ー焼き穴子

料理の作り方は32ページ

レッスン1
季節の八寸

夏
お盆のころ・お精進の八寸

お盆のころには追悼の茶事などが多く、その際は懐石もなまぐさものは出さずすべて精進となります。八寸も同様に山のものだけで二種盛り致します。色、味わい、形などでコントラストを付けて盛り付けてください。

夏の精進

- アスパラガスの焼浸し
- 若桃甘煮
- 青楓麩の旨煮
- 姫オクラの浸し
- 焼き枝豆

夏の精進

- 焼き海苔
- 大徳寺麩の旨煮
- 豆腐の鰻もどき
- 揚げ昆布
- 梅干の天ぷら

焼き万願寺
椎茸旨煮

料理の作り方は33ページ

レッスン1 季節の八寸

月さやか 秋

実りの秋。いちじく、栗、柿、茸類、里芋など、ガラッと食材も秋一色となります。魚も脂を付け始め、美味しくなるころです。月見や重陽といった行事も意識して、海と山のものを組んでみましょう。

秋の山

- 栗の甘露煮
- 焼柿
- 銀杏塩煎り
- 塩蒸し零余子
- 衣被

秋の海

- 戻り鰹の皮焼き
- カマス一夜干し
- 鶏の紅葉焼
- 鰺酢〆
- 鴨燻製

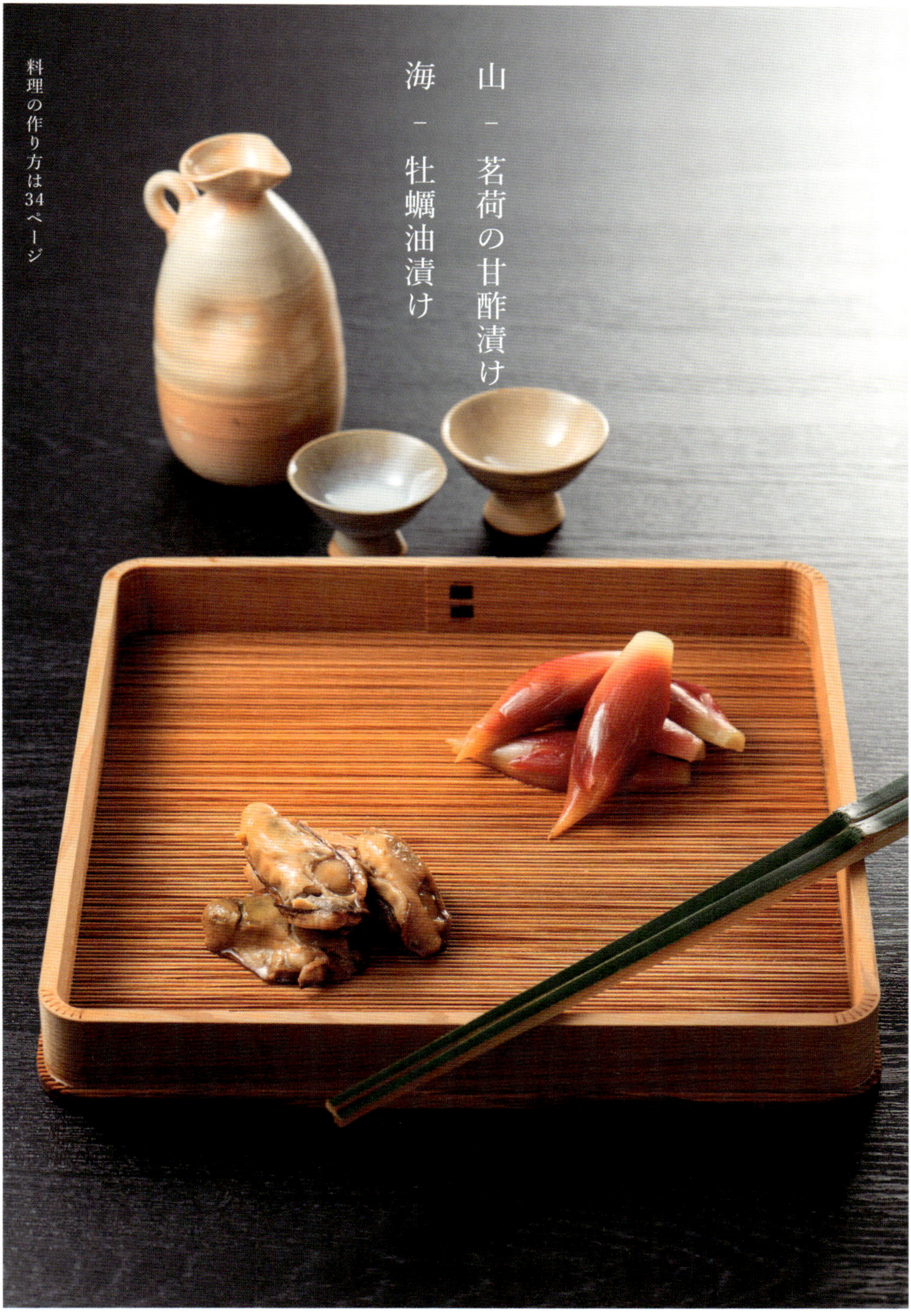

料理の作り方は34ページ

酒器＝十一代田原陶兵衛作

レッスン1
季節の八寸

名残の季節 秋

いよいよ名残月。もっとも侘びた八寸を出します。栗であれば渋皮煮、鯵や鯖といった青魚もよく登場します。また夏の名残の食材、例えば枝豆や鱚などが手に入ったら、それも候補に加えましょう。

秋の山

- 栗の甘露煮
- 菱の実旨煮
- 茄子田楽
- しめじ旨煮
- 焼き松茸

秋の海

- 焼へしこ
- 鯖酢〆
- 子持ち鮎の甘露煮
- オイルサーディン
- 鱚の幽庵焼

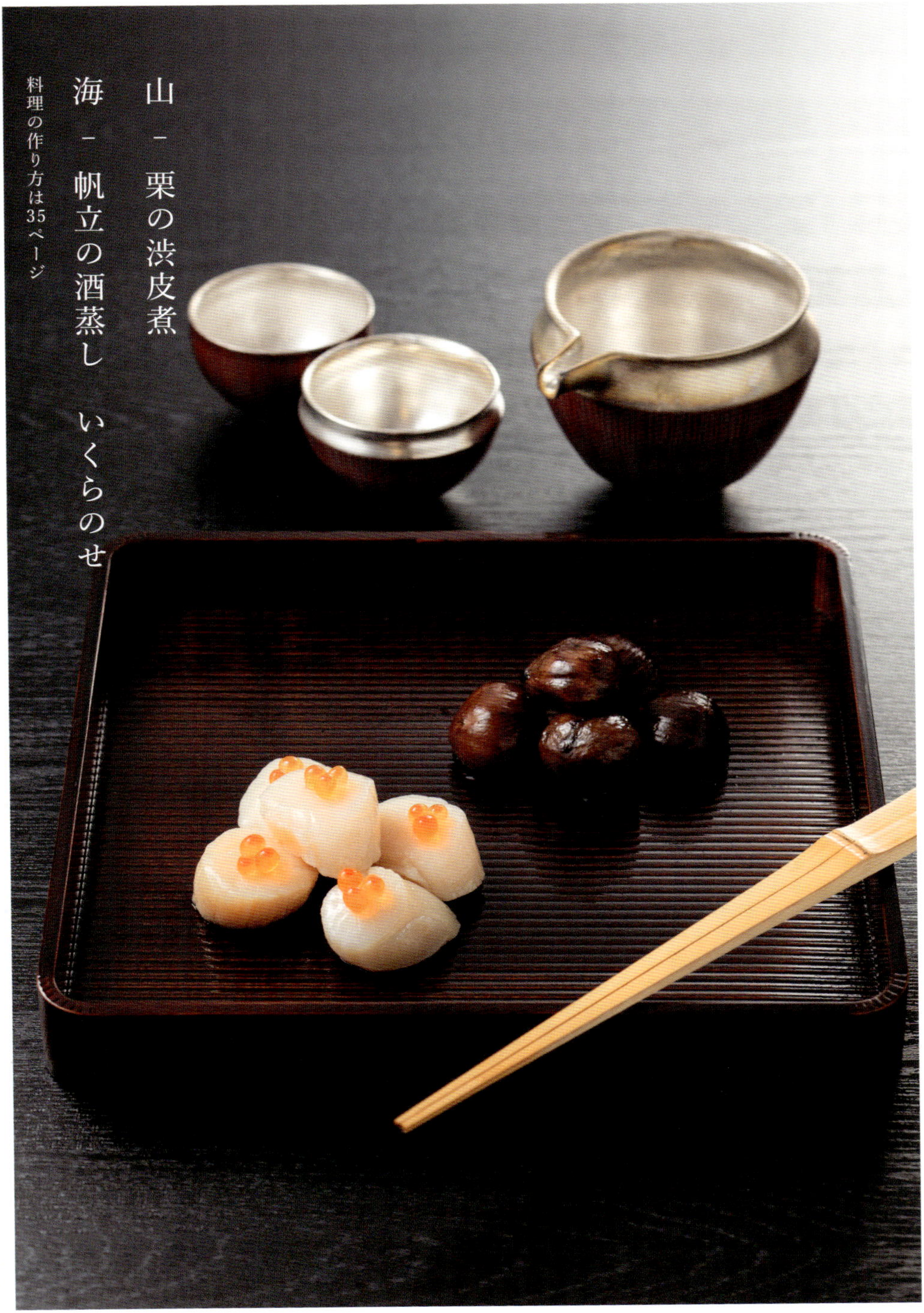

山 ― 栗の渋皮煮
海 ― 帆立の酒蒸し　いくらのせ

酒器＝岳中爽果作

冬

年始め

新年にふさわしく、おめでたい八寸に致しましょう。例のほかにも山なら金団、黒豆、海なら数の子、鰤、錦卵、五万米など、おせち料理をヒントにすれば悩まずに済みますね。

冬の山

一 編み笠柚子
一 松笠慈姑
一 百合根蜜煮
一 手毬麩旨煮
一 叩き牛蒡

冬の海

一 結び蒲鉾
一 鶏松風
一 帆立の黄身焼
一 小肌酢〆
一 鰤加賀漬け

山ー金柑甘露煮
海ー蒸し伊勢海老

料理の作り方は36ページ

酒器＝平安祥堂

冬

雪冷え

極寒のころは、大根や人参など根菜類がぐっと甘味を増し、魚にはしっかりと脂ものってきます。鴨や鶉も旨味を増してきます。茶事では夜咄や暁などが行われる季節。八寸は、燗酒に合うようなしっかりした味わいのものを出して差し上げたいですね。

冬の山

- 牛蒡の旨煮
- 煎り大根
- 干し柿
- 柚餅子
- ミニ大根の味噌添え

冬の海

- 甘鯛酒塩焼
- 寒鰤の酢煎り
- 牡蠣旨煮
- 鶉山椒焼
- きんこ旨煮

山－ちしゃとうの味噌漬け
海－唐墨

料理の作り方は37ページ

おもてなしにもおすすめ

季節の八寸編

季節の銘々皿に愛らしく盛り替えて

p 15で盛り付けた「天豆の旨煮」と「細魚の一夜干し」。春から夏への端境期、青葉も茂れる季節には、こんなお皿に銘々に盛ってあげるものよいですね。同じ器にせず、小皿でのバリエーションを楽しんでいただければ。

洋皿と合わせて、モダンなおせち風に

おせちは数日食べるものですので、なるべく出し入れはしたくないもの。お一人ずつ取りやすいようこのように食べきりに盛り付けるといいですね。数種盛り付けるので、下のお皿はプレーンなものがよいかと思います。

季節の八寸の作り方

春

桜の便り届く （12・13ページ）

鮭燻製

［材料］
スモークサーモン5枚

［作り方］
大きすぎるようなら食べやすいサイズに切り分けます。

山芋の桜花梅酢漬け

［材料］
山芋5cm、梅酢大さじ2、昆布出汁か水大さじ4〜5

［作り方］
1山芋は1cmの厚さに切って、桜の型で抜きます。
2タッパーに昆布出汁と梅酢を合わせ、1を置き、落としラップをして漬け込みます。長く漬け込むと塩辛くなるので、前日に作るなら出汁を多めに入れ、当日に1時間程度漬け込むだけなら少なめに。味見用に抜いた残りを一緒に漬け込んでおきます。

鮭燻製の購入ポイント

市販品でこれだけ便利な食材もありません。肴としても優等生です。
ほとんどのものがスライスされて売っていますがときどき、真空加工が強すぎるのか、はがれにくいものがあり、取ろうとして破けたりしますので、必ず事前に一度は購入し、はがれやすさの具合をチェックするのも大事です。

便利な食材山芋

ここでは桜に型抜きして梅酢につけましたが、P9では皮つきのまま半月に切り、グリラーで数分焼き、塩を振っただけで山のものにしました。焼き目がそれぞれ微妙に異なり、なかなか侘びた風情を醸し出しています。また皮をむいて白さを生かした旨煮も八寸にはよく登場します。

初風炉のころ

（14・15ページ）

細魚の一夜干し

［材料］
細魚1尾、塩少々

［作り方］
1 細魚は三枚におろし、腹骨を引いてから5cmの長さに切り、薄塩をして10分程度おきます。
2 グリラーで1を焼きます。
＊干物を購入して焼いても結構です。

『晩春から初夏にかけて天豆は大活躍する食材。下茹でいらずの旨煮は覚えておきたい一品です！』

天豆の旨煮

［材料］
天豆10粒程度（予備を入れて）、水50cc、砂糖50g、塩少々

［作り方］
1 小鍋に水と砂糖を入れてよく溶かしたら、火にかけます。
2 1にさやから出し皮をむいた天豆を入れて塩を加え、紙蓋をしてとろ火で3分煮ます。
3 タッパーに汁ごと入れて、落としラップをして冷めたら冷蔵庫で保存します。冬場なら常温保存でもOK。

2

天豆の旨煮のポイント

- 天豆は下茹でなしで直接、シロップに投入してOK！
- 乾燥が大敵なので、作るギリギリでさやから出し、皮をむくこと。
- 少ないシロップで無駄なく調理。
- 紙蓋を忘れずに

紙蓋について

紙蓋は、その名の通り、紙で作った落とし蓋のこと。少ない量の煮物を作るときや、天豆のような柔らかい食材を煮たりするときに重宝します。木の落とし蓋ですと、食材が重みでつぶれたり、傷ついたりする懸念がありますね。また素材の乾燥を防ぐこともできます。半紙かキッチンペーパーを使ってください。

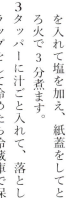

レッスン1 季節の八寸

夏

盛夏近づく

（16・17ページ）

焼き穴子

［材　料］

割き穴子（小さめ）2尾、酒・塩各少々

〈たれ〉醤油1対味醂1対酒1対砂糖0.5

［作り方］

1たれの材料をすべて耐熱の容器に入れ、よくかき混ぜてから電子レンジに20〜30秒かけておきます。

2穴子は洗って酒・塩少々を振って5分おいたらグリラーで焼きます。途中、刷毛でたれをつけては乾かすを2〜3回繰り返します。

3粗熱が取れたら5㎝に切り、盛り付けます。

＊たれは、多めに作っておき、冷蔵庫で保存しておくと便利です。穴子以外にも、鰤の照り焼きや焼き鳥などに使用できます。

食用ほおずき

［材　料］

食用ほおずき5個

［作り方］

形の良いものを選んで盛ります。

『青物ばかりが多い夏。明るい彩りのほおずきは重宝します』

食用ほおずき

今回山のもので使用した食用ほおずきは、ほおずきトマト、ストロベリートマトとも呼ばれ、ここ数年デパートでも見かけるようになりました。南国のフルーツのような少しミルキーで、パッションフルーツとココナッツ、マンゴーを合わせたような味わいがします。中の実を食すのですが、盛夏のほおずきの時期にちょっとこんな変わった八寸も面白いかと思います。種も販売されているので、お庭に植えてもよいですね。

お盆のころ お精進の八寸

（18・19ページ）

椎茸旨煮

［材 料］

生椎茸5枚、昆布出汁1カップ、砂糖大さじ2、醤油小さじ2

［作り方］

椎茸は軸をとり、昆布出汁とともに鍋に入れ火にかけ、温まってきたら砂糖を加え、数分おいて醤油を入れ、2～3分煮たら火を止めて味を含ませます。

『砂糖を多く入れる旨煮は、まず砂糖を含ませてから、他の調味料を加えましょう』

焼き万願寺

［材 料］

万願寺唐辛子2・1/2本、塩少々

［作り方］

1 万願寺唐辛子は縦1/2に切ってヘタと種を取り除きます。

2 グリラーで焼いて熱いうちに塩を振ります。

用語集

立て塩…海水程度の塩水のことで、魚を洗ったり、均一に塩味を付けたりしたい場合に使います。水1カップに対して小さじ1程度の塩と考えていただければよいでしょう。

生上げ（きあげ）…丘上げともいい、茹でたり、火を通したりしたあと、水などに取らずにざるにあげること。水につけると当然食材は水を吸うので、それにより風味が落ちてしまう、あるいはその先の調理方法で、水っぽくしたくないようなとき、この方法を用います。

精進料理の八寸

追悼の茶事などの懐石料理は、精進料理にします。八寸もなまぐさ物を使わず、すべて精進物で構成します。フレッシュな野菜などのほかに、乾物の豆や干し椎茸、干瓢、木の実、蒟蒻、麩、豆腐などを取り入れると、肉や魚に頼らずとも、かなりの種類の料理が作れるかと思います。また改めてその滋味深い味わいにも気づかされます。

万願寺唐辛子

ここ数年、各地で作られるようになった万願寺唐辛子。何百年も前からある伝統野菜のイメージですが、江戸時代から作られている細身で辛味のない伏見甘長唐辛子とカリフォルニア・ワンダーというピーマンを交配させて大正時代にできたものとか。二つの良いところを受け継いで、ヒット野菜となりました。

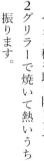

レッスン1
季節の八寸

秋

『作りおき可能な
日持ちする八寸も
レパートリーに入れておけば、
水屋であわてることは
ありません』

月さやか（20・21ページ）

牡蠣油漬け

［材　料］
生牡蠣6個、オイスターソース大さじ1／2、オリーブオイル約1カップ

［作り方］
1生牡蠣は傷がつきにくい竹ざるなどに入れて、ボウルに作った立て塩（P33参照）で振り洗いし、真水に替えて3回程度すすぎます。
2フライパンに1を入れ火にかけ、牡蠣が膨らんできたらオイスターソースを加え、そっと行きわたらせ、さらにしっかり火を通します。
3火が通ったら、密閉容器に入れてオリーブオイルを注ぎ、落としラップをして一晩おきます。

『米酢を使った
柔らかな味わいの
甘酢を覚えましょう』

茗荷の甘酢漬け

［材　料］
茗荷3個　〈甘酢〉米酢50cc、砂糖50g、水大さじ1、塩少々

［作り方］
1茗荷は縦1／2に切り、熱湯で1～2分茹でて、生上げ（P33参照）しておきます。
2甘酢の材料を小鍋に入れて火にかけ砂糖が溶けたら火から下ろし、粗熱を取ります。
32に1を入れて、漬け込みます。

この甘酢はいろいろな甘酢漬けに使用できます。米酢を使うとあたりが柔らかです。茗荷は徐々に赤く染まっていきますが、これは茗荷のアントシアニンが酢に反応して発色するためです。最低でも3時間は漬けてください。2～3日前から作っておけます。盛り付ける時、大きすぎる場合は器に合わせて長さを調整することも忘れずに。

名残の季節

（22・23ページ）

栗の渋皮煮

［材　料（作りやすい分量）］

栗300g、重曹小さじ1/2

〈蜜〉砂糖150g、醤油小さじ1、水適宜

［作り方］

1栗は渋皮を傷つけないように鬼皮をむき、座は残したままたっぷりの水に一晩浸けておきます。

2新たに水を替えて火にかけ、煮立ってきたところに重曹を入れて30分、竹串が通るまで茹でます。

3 2を水に取り、触れる温度になったら座をはがし、細串で筋をとります。

4新たに湯を沸かし、3の栗を入れて沸騰したらあげるを2〜3回繰り返し、重曹をしっかり抜きます。

5鍋に栗とひたひたの水を入れ火にかけ、沸騰してきたら、砂糖を2〜3回に分けて入れ、煮汁が半分くらいになるまで紙蓋をして弱火で煮含めます。最後に醤油を入れて、火を止め、一晩おいたら食べられます。市販品もあります。

帆立の酒蒸し いくらのせ

［材　料］

帆立貝柱6個、酒・塩各少々、いくら適宜

［作り方］

1帆立は立て塩（P33参照）で洗い、厚いものなら1/2に観音びらきにして、酒と塩を振り、数分おいてから、5〜6分蒸します。

2冷めたらいくらを載せて盛ります。

『名残の月には塗りの八寸と褪せた箸を使います』

名残月の八寸

この時期だけは塗りの八寸を使うことが多いですが、それは風炉の時期に活躍してくれたいささか疲れた杉八寸を塗りでよみがえらせ、風炉の最後まで使い切るという意味合いからです。箸も若々しい青竹ではなく、色褪せた青竹か白竹のものを使います。向付などもそろっていない寄せ向にしたり、食材も夏のものをあえて名残として使ったりします。

冬

年始め（24・25ページ）

蒸し伊勢海老

［材　料］
活伊勢海老350〜450g、
味醂大さじ1、塩少々

［作り方］
1伊勢海老は尾のところから内側に丸め、ひもかゴムでとめて、2％くらいの塩水を作った鍋に入れて強火にかけます。
2沸騰後、15〜20分茹でます。ざるにとって粗熱が取れたら、頭と胴体をつないでいる筋をキッチンばさみで切って外し、身をできるだけ細かく手でほぐします。
3煮切ってアルコールを飛ばした味醂を2に振りかけ、盛り付けます。

金柑甘露煮

［材　料（作りやすい分量）］
金柑100g、
砂糖・水各1／2カップ

［作り方］
1金柑はよく洗い、縦に切り込みを5〜6か所入れて、種を取り除きます。
2湯を沸かし、1を入れて5分弱火で茹で、ざるにとります。
3砂糖と水を鍋に入れてよく混ぜてから火にかけ2の金柑を入れて、紙蓋をして5分煮て、そのまま粗熱が取れるまで置いておきます。

ちしゃとうをご存じですか？

ちしゃとうは、中華料理では時々炒め物などで見かけますが、日本料理では茶懐石か高級おせち以外ではまず見ることのない食材。

漢字ですと「萵苣薹」と書きます。別名茎ちしゃ、アスパラガスレタスとも呼ばれます。萵苣は、そもそもレタスのことですが、これは出回っているレタスの茎ということではなく、別物。葉も食べられますが、主に茎の部分を食べます。

火を入れても褪色しにくく、サクッとした食感もよいので、見かけたらまずは味噌漬けにチャレンジしてみてください。

『秋冬の定番レシピをマスターします』

雪冷え（26・27ページ）

唐墨

［材　料］

唐墨（市販品）

［作り方］

食べやすい大きさに形よく切ります。

ちしゃとうの味噌漬け

［材　料］

ちしゃとう1本、塩一つまみ、白味噌100～150g、味醂大さじ1

［作り方］

1 ちしゃとうは4～5cmに切り、厚めに皮をむいて熱湯に一つまみの塩を入れ2分ほど茹で、ざるにあげて冷まし、薄塩を振っておきます。

2 1の粗熱が取れたら、味醂を混ぜた味噌床にガーゼを敷いて挟み一晩漬け込みます。

1

2

ちしゃとうの扱い方のポイント

・寸法に切ったら立てて皮をむく。

下の部分は皮が厚く固いので、桂むきでは手を怪我しかねません。むくのは立てて、成形のときに桂むきをしましょう。

・茹でたら、生上げ（P33参照）して塩を振り、あおぐ。

塩は熱いうちに振り、褪色しないようすぐに、うちわであおいで冷ましましょう。

レッスン Lesson 2 作り置きできる おうち八寸

前日、もしくは数日前から作り置きできると、茶事の準備で忙しい時に助かりますね。冷めても美味しい料理なので、茶事だけでなく急なお客様やお弁当にも応用できます。

燻す

「燻す」の極意

食材にスモークの香りをつけるだけ、と割り切る

おなじみの食材もスモークの香りをまとえば、ワンランク上の表情に。これはプロの技だと思っていらっしゃいませんか？　深めのフライパンと網を使えば、ご家庭でも手軽にスモークできます。特別なチップも不要です。

漬ける

「漬ける」の極意

少量の漬け地で大丈夫！

南蛮漬け、甘酢漬け、味噌漬けなど手法はいろいろ。これらはいずれも食材の余分な水分が抜け、漬け地の味が入る素晴らしい調理法です。食材の幅も彩りも味わいも豊かに楽しめる、おうち八寸の心強い味方といえるでしょう。ベストなタイミングを見極めての提供を心掛けます。

「漬ける」×「漬ける」の八寸。

山はしめじの味噌漬け、海は公魚《わかさぎ》の南蛮漬けを。

器＝岡田 裕作

「漬ける」×「燻す」の八寸。

山はパプリカ甘酢漬け、海はチーズの燻製。

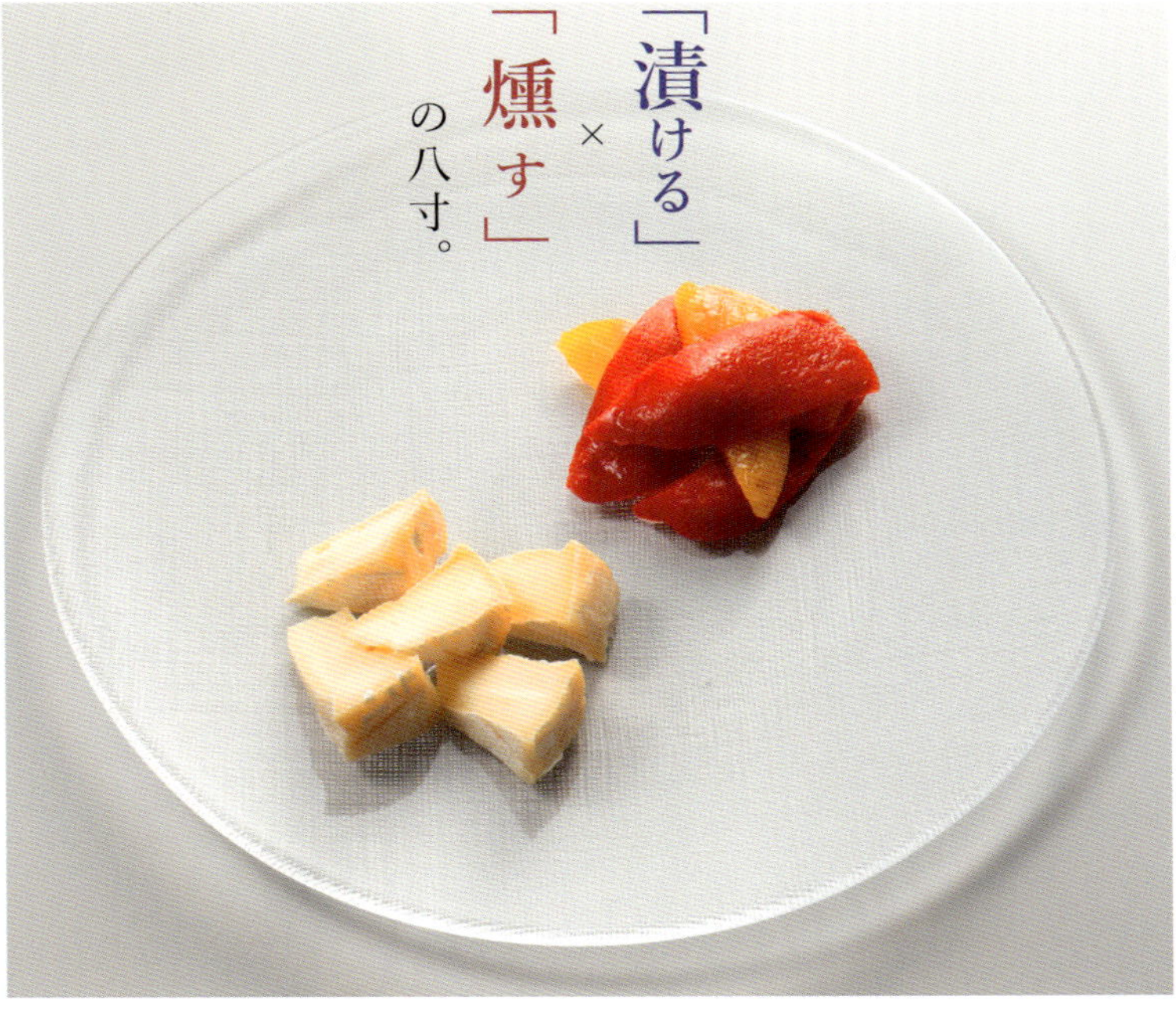

器＝中村清六作

燻す

短時間燻製で、趣きある八寸を！

八寸における燻製は、香りをつけるだけと割り切ってしまえば意外と簡単！スモーク八寸、極めましょう！

海老の燻製

［材料］
海老5～6尾、酒100cc、塩一つまみ、スモークチップ一掴み

［作り方］
1 海老は洗って背ワタを取り除き、鍋に入れたら酒と塩を入れて火を通します。
2 スモーク鍋（またはフライパン）にアルミ皿（ホイルでも可）を敷いて、その上に一掴みスモークチップを入れて網を載せ、蓋をしめて火をつけ、煙が上がってくるまで待ちます。
3 煙が出たら、アルミ皿の上の網によく水気を拭いた1を載せて蓋をしめ、1～2分したら火を消します。そのまま数分おきます。
4 殻をむき、尾を切りととのえ、器に盛り付けます。

1

2

3

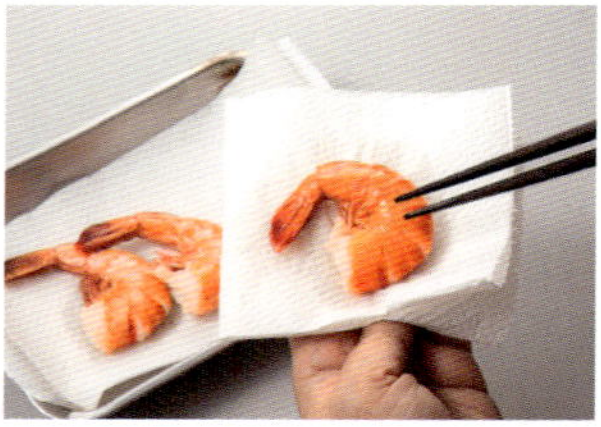

4

燻製はここがポイント！

- 素材に水分が残っていると、酸味の原因になります。先に食材に火を通して水分を抜いておき、かつ風を当てるかしっかり拭いてからスモークしましょう。
- スモークチップをわざわざ買わなくても、紅茶、ほうじ茶なども使えます。
- 色をしっかりつけたければ長めの燻製を、香りだけなら５分程度で大丈夫です。

レッスン2 作り置きできるおうち八寸

燻す

スモーク八寸あれこれ

器＝時代もの染付

［材料］

木綿豆腐1丁、醤油大さじ3、スモークチップ一摑み

［作り方］

1 豆腐は重しをして脱水させてから、醤油に漬けて一晩おき、さらに冷蔵庫で半日くらいラップなどをせず乾燥させせます。

2 以下、海老の燻製の作り方2以降と同様にスモークしますが、厚みがあるので弱火にしたまま15～20分スモークしてください。

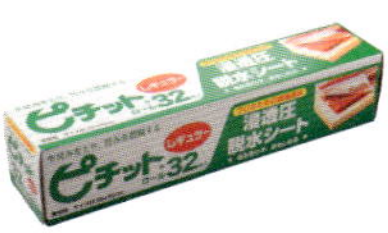

脱水シートで手間いらず

脱水シートは多少高いですが、短時間で見事に脱水してくれる非常に便利なグッズです。燻製の下ごしらえや一夜干しもあっという間にこれで作れます。

牡蠣の燻製

［材料］
生牡蠣（大きめ）5〜6粒、酒100cc、塩一つまみ、スモークチップ一摑み、オリーブオイル適宜

『どの材料も多少、下味の塩は強めにしたほうが燻製には合いますよ』

器＝時代もの染付

［作り方］
1 ボウルに立て塩（P33参照）を2カップ程度作り、そこに目の粗いざるに入れた牡蠣を入れて振り洗いし、塩水から真水に替えて、汚れが出なくなるまですすぎます。

2 鍋に酒と塩を入れ、温まってきたところに牡蠣を加え蓋をして酒蒸しし、火が通ったらバットに移して乾かします。

3 海老の燻製の作り方2以降と同様、数分スモークし、粗熱が取れたら、オリーブオイルに漬けておいてもよいでしょう。

チーズの燻製

［材料］
プロセスチーズ適宜、スモークチップ一摑み

［作り方］
1 プロセスチーズは厚さ7㎜程度に切り、万が一、溶けた場合に備えてホイルの上に載せ、海老の燻製と同様、煙の立ってきたところにプロセスチーズを網に置いて5分程度スモークし、表面に出た汁（水滴）を拭き取ります。

2 粗熱が取れたら、冷蔵保存します。

『鶉卵の茹で卵、畳鰯などもスモーク八寸におすすめです』

器＝河本礫亭作

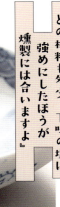

レッスン2
作り置きできるおうち八寸

漬ける 南蛮漬け

肴にもってこいの南蛮漬け。漬け地の比率をマスターして、定番肴にしてください。

公魚《わかさぎ》の南蛮漬け

［材料］
公魚5～6尾、揚げ油適宜
〈漬け地〉
出汁1/4カップ、酢20cc、味醂・淡口醤油各小さじ2、赤唐辛子1本

［作り方］
1 公魚は立て塩（P33参照）で洗って水気を拭き取り、下焼きします。
2 中温の油で素揚げにします。
3 鍋に漬け地の材料を入れてひと煮立ちさせ、2の揚げたてと種を除いた赤唐辛子を入れ、冷まします。
4 食べるときに赤唐辛子を切って載せます。

1

2

ポイント

- 漬け地は出汁5：酢2：味醂1：淡口醤油1の比率と覚えましょう。
- 漬け地、揚げた食材とも温かいうちに漬けると、早く漬かります。

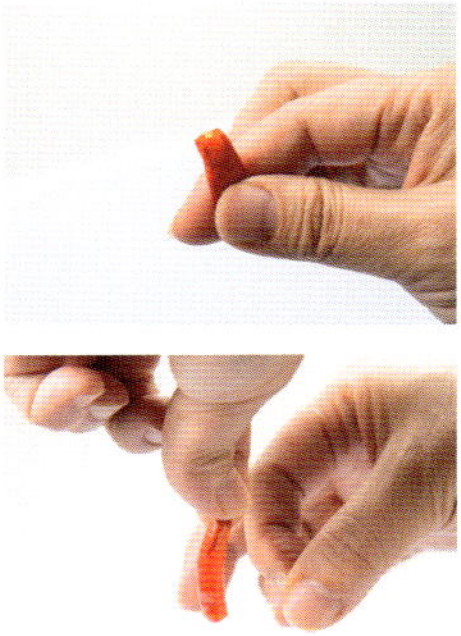

唐辛子の種の抜き方

乾物として売られている唐辛子は、ぬるま湯に浸けて柔らかくしたら、ヘタの部分を切って、少しもんでから、指ではじくと種が取れます。

3

漬ける 甘酢漬け

パプリカの甘酢漬け

［材　料］（作りやすい分量）
赤・黄パプリカ各1個
〈漬け地〉米酢50cc、砂糖50g、出汁大さじ1、塩少々

［作り方］
1 パプリカは縦1/2に切って種を取り、しっかりと焼き目が付くまで焼きます。
2 1を水に放って皮をむき、食べやすい大きさに切り、漬け地に漬けます。

1

2

ポイント

・日持ちさせたい時は、出汁を入れずに砂糖と酢だけで漬けます。冷蔵庫で1週間は持ちます。

・落としラップをすると、少ない漬け地でもよく漬かり、また、乾燥も防ぎ、日持ちもよくなります。

・マリネ風にしたい場合は、オリーブオイルを大さじ1程度加えるとよいでしょう。

レッスン2

作り置きできるおうち八寸

漬ける

味噌漬け

カマンベールチーズの味噌漬け

［材　料］

カマンベールチーズ1個、白味噌150～200g

［作り方］

1 ラップにカマンベールチーズの直径プラス高さ分の味噌を広げます。

2 その上にガーゼ、チーズを置き、包みます。

3 冷蔵庫で最短一晩、できれば2日くらい置いて、食べやすい大きさに切ります。

1

ポイント

・味噌はチーズ全体に行き渡らせる最低限の分量で大丈夫です。

・プロセスチーズやクリームチーズも味噌漬けに向いています。

2

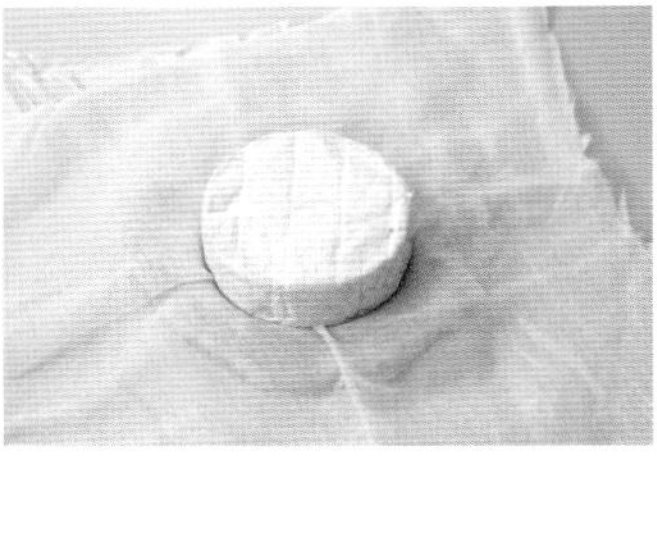

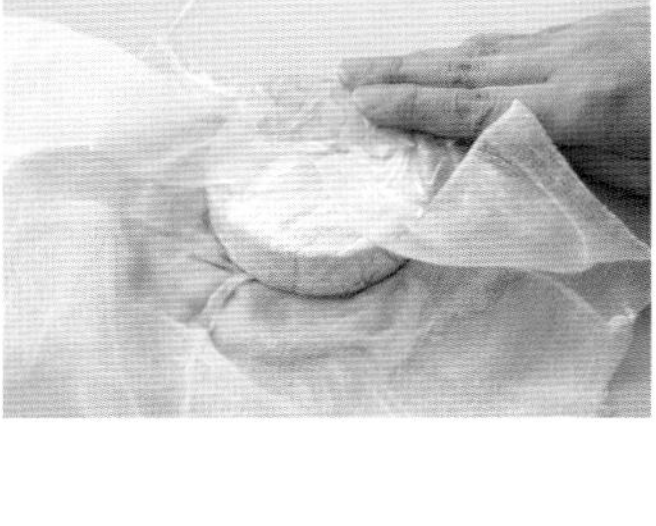

3

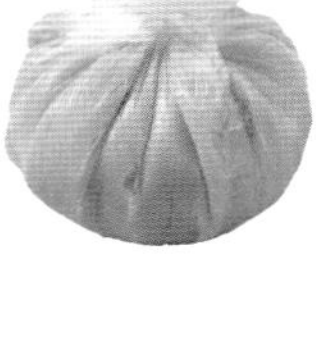

漬けて蒸す

鴨はちょっとハードルが高い！と思われている方も多いかと思いますが、正しい漬け地に入れて時間通り蒸すだけで美味しい鴨蒸しが出来上がります。茶事だけでなく、おうち飲みのメニューにもぜひ！

鴨蒸し

器＝五十嵐元次作

［材　料（作りやすい分量）］
鴨だき身１枚（３００〜３５０g）、塩少々
〈煮汁〉醤油・味醂・酒各１００cc、出汁昆布３cm

［作り方］
1 鴨は、塩少々を振ってから、皮目にかのこに包丁を入れ、フライパンで焼き目が付くまでしっかりと焼き、身のほうは10秒程度焼きます。
2 煮汁の材料を鍋に入れて温めておきます。
3 蒸し器を温めておき、ステンレスの容器に焼いた鴨を入れて、2を加え、7〜8分蒸したら出して、容器のまま冷まし、薄切りにします。

1

2

3

『余分な脂肪を除くため、皮目はじっくりと焼きます』

おもてなしにもおすすめ

おうち八寸編

ワインに合わせるなら〜鴨蒸しのサラダ仕立て

たっぷりのベビーリーフに鴨蒸しのスライスを載せて、ワインのお供にいかがでしょうか。鴨の脂とワインが口内で溶け合い、それはそれはお酒も進みます。粒マスタードの酸味がアクセントです。

日本酒と楽しむなら～鴨蒸しと焼きネギ

鴨とネギは、日本人にとってはもっとも好みの組み合わせ。漬け地を煮詰めて、かけて召し上がってください。薬味の粉山椒も忘れずに。お酒はしっかりめの生もと系純米酒が合いますよ。

器＝乾山写四方皿

レッスン Lesson 3

デパ地下八寸

いちじくと生ハムでバル風

昨今のデパ地下（デパートの地下の食品売り場）はワンダーランド。各国料理、有名レストラン、地方の物産が所狭しと並んでいます。上手に利用して、少しでも役立てない手はないですよね。

「デパ地下八寸」の極意

手作り、和物へのこだわりを捨てる！

茶友を呼んでの気軽な茶事なら、あまり日本料理にこだわる必要もないですよね。チーズやオリーブをはじめ、海外のとっておきの酒肴がデパ地下では簡単に手に入ります。

ドライフルーツとナッツで 突き出し風

左下からみかん、トマト、いちじく、柿。センターはアーモンド。正式な茶事の八寸では難しいかもしれませんが、軽い一献からの粗茶一服であればこんな八寸もヘルシーです。

器＝伊藤文雄作

デパ地下八寸はここがポイント！

- 新しいおつまみを探すくらいの気持ちで、デパートの食品売り場や高級スーパーを歩いてみましょう。柔軟な考え方が八寸の間口を広げます。
- フランス風、イタリア風など、ひとつテーマを設けると、俄然食材が絞りやすくなります。

French

レッスン3
デパ地下八寸

フランス風

『海山で
味わいの
強弱を付けました』

山 − ズッキーニのソテー
海 − パテ・ド・カンパーニュ

デパ地下に行けば、フレンチの名店のパテ・ド・カンパーニュも簡単に手に入ります。1切れを四等分くらいにすれば、八寸にはちょうどいい大きさですね。しっかりした味わいなので酒肴にはぴったりです。山のものは、さっとオリーブオイルで焼いたズッキーニにしました。

器＝ステンレス製丸皿

Italian

イタリア風

山 ー スタッフドオリーブ（アーモンド入り）

海 ー サラミ

サラミもオリーブもどちらも市販品ですが、購入する際、ふたつを盛りつけた時の色合いや味わい、形の違いを考慮するようにしましょう。

『オリーブは種のないものを選びます！』

器＝時代ものの染付

Chinese

レッスン3
デパ地下八寸

中国風

山 – 新ザー菜の浅漬け
海 – 焼き豚

茶事では前の料理との兼ね合いが難しいかもしれませんが、酒の肴としておうち飲みで八寸風に盛り付けるのも素敵です。

『食材の色合いも大事なポイントの一つです』

Chinese

違う器で

コバルトブルーの楕円の皿だと
また引き締まって見えますね。

『器を選ぶときも
遊び心を
持って』

おもてなしにもおすすめ

デパ地下八寸編

気軽なおうち飲みの始まりに

スレートの長皿にクラッカーを添えて盛り付けました。手でつまんでいただく、まさにおつまみ。

ちょっとしたオードブル感覚で

パテ・ド・カンパーニュを前菜としてカットせずそのままで粒マスタードを添えて。バケットなどを別に用意すればおなかも満足。

レッスン
Lesson
4

日本酒とのマリアージュを楽しむ

地方八寸

各地の素晴らしい特産品で作った八寸とオススメ地酒をご紹介していきます。

「地方八寸」の極意

同じ気候風土で作られたもの同士が合わないわけがない！のです。アンテナショップを利用して、ぜひ気軽に郷土料理や特産品と日本酒のテロワールを楽しんでみてください。

七賢スパークリング（山梨銘醸）山梨県

育子の酒（三芳菊酒造）徳島県

にいだしぜんしゅ（仁井田本家）福島県

七冠馬（簸上清酒）島根県

而今（木屋正酒造）三重県
（詳細は82ページ）

北海道

北海道でお酒といえば、やはりビールやウイスキーのイメージが強いですが、吟風、彗星、きたしずくといった北海道オリジナル酒造好適米も開発され日本酒も注目を浴びてきています。味わいは全般的に軽めでスッキリしています。八寸は、初夏に旬を迎える北寄貝とアスパラガスの組み合わせで。

焼き北寄貝

北寄貝は、左右についている貝柱を切ると開きますので、あとは内臓とひもを取り、立て塩（P33参照）で洗い、食べやすい大きさに切って、バターで焼きます。立て塩で洗うので調味は必要ありません。

アスパラガスのお浸し

北海道の名産品のアスパラガス。皮の固い部分だけむき、さっと塩茹でしたら温かいうちに漬け地（出汁に塩少々）に漬けて味をつけます。

国士無双　純米大吟醸（高砂酒造）

最初にフルーティな甘味が来ますが、すっと軽快な後味、控えめな吟醸香は北海道酒ならでは。北海道産酒造好適米「彗星」を100%使用し、精米歩合も45%と贅沢な仕様。きりっと冷やして飲みたい一本。

上川《かみかわ》大雪《だいせつ》　純米吟醸（上川大雪酒造）

地域活性を旗印に、2017年に立ち上げた全量純米酒蔵、上川大雪酒造。杜氏は各地で伝説を作ってきた小樽出身の川端慎治さん。北海道オリジナル酒米「彗星」100%の滑らかな口当たりとバランスが素晴らしい一本です。

國稀　北海にごり酒（國稀酒造）

増毛町にある日本最北の蔵、國稀酒造が醸す、辛口のにごり酒。アルコール度数も19~20度と高めですので、お酒好きの方にオススメ。供する時はしっかりと冷やして。

八寸皿＝丸木皿　酒器＝金箔入り吹雪柄酒器セット

宮城県

食材王国宮城県は、日本酒も実力派で、毎年行われる全国新酒鑑評会の金賞受賞率が日本一になることもたびたび。県産酒全体に占める特定名称酒の比率も高く、高級酒生産県です。一の蔵や浦霞などのブランドもおなじみですね。

八寸は冬から早春に旬を迎える閖上《ゆりあげ》の赤貝とたらの芽をスウェーデンの人気ブランド、ロールストランドに盛ってみました。

たらの芽のお浸し

たらの芽は独特の芳香があり、姿も美しいので早春の八寸によく登場します。袴の部分を取り除き、太い部分に十文字に包丁を入れてからさっと茹で、冷水に放ちます。出汁に塩・味醂少々を加えたものに30分以上浸してください。

赤貝の昆布〆

赤貝は殻が柔らかいので、蝶番に包丁を入れてずらすようにすると、簡単にむけます。むいたら内臓とひもを取り除き、立て塩（P33参照）で洗い、昆布で挟んで半日〆めます。立て塩で洗っただけでも美味しく召し上がれます。

日輪田 雄町 山廃純米生原酒（萩野酒造）

日輪田とは、神様に捧げる穀物を作った丸い田のこと。そんな田をイメージした酒で、山廃という手間のかかる酒母造りをしており、ボディもしっかりしています。インパクト強めかもしれませんが、キレの良さと米の旨味を存分に味わっていただければ。

特別純米 山和（山和酒造店）

香りに頼らず、米の味を前面に出したお酒。常温からぬる燗あたりでぐっと味わいが広がってきます。比較的新しい宮城県の酒造好適米「蔵の華」を使用し、料理にも合わせやすいお酒です。

純米吟醸 伯楽星（新澤酒造店）

究極の食中酒を意識して作っているだけあって、料理が引き立つお酒です。さわやかな柑橘系の吟醸香がほのかに立ち、アフターはきれいにキレていきます。冷たく冷やしてお召し上がりください。

山 ― たらの芽のお浸し

海 ― 赤貝の昆布〆

八寸皿＝ロールストランド・モナミ　酒器＝源右衛門絵変わりぐい呑み

東京都 神奈川県

東京や神奈川県で日本酒を造っているのですか？　と驚かれることがあります。蔵数はそれぞれ十蔵前後ですが、なかなか個性派なお酒を造っているのです。八寸で取り上げた畳鰯は神奈川県湘南から。山のものは東京うど。このうどは穴蔵で栽培するので、姿も真っ白。しかも身が柔らかく、アクが少ないため、調理しやすいのです。

炙り畳鰯

畳鰯は炙ってから切るとぼろぼろになるのでので、必ず切ってから焼くこと。またほんの10秒程度で焼けますので、焦がさないようにそばを離れないでください。はがきサイズの畳鰯1枚で6人分取れます。

東京うどの旨煮

うどは長さ4~5㎝に切って、皮を厚めにむき、酢少々を加えた熱湯で2分程度茹でて、出汁100cc、塩小さじ1/4、味醂小さじ1で軽く煮たら、そのまま汁に浸しておきます。

あしがり郷　零号　純米吟醸
（神奈川県・瀬戸酒造店）

創業1865年なるもいったん自家醸造を断念し、38年ぶりに復活となったお蔵のお酒です。蔵のある開成町の花、あじさいの花酵母で造られています。味わいは軽快で飲みやすく、酸味がさわやかな後味としてすっきりと〆めてくれます。

屋守　純米無調整生酒荒責
（東京都・豊島屋酒造）

お酒を絞る際、最初に出てくる部分を「荒走り」といい、最後に圧をかけた部分を「責め」といいます。それをブレンドさせたのがこのお酒。新酒の時期のみの販売です。使用米は広島の「八反錦」。フレッシュな生酒の味わいとブレンド力、楽しんでください！

残《ざる》草《そう》蓬莱　純米吟醸
槽場直詰無濾過生原酒　クイーン
（神奈川県・大矢孝酒造）

創業1830年のお蔵ですが、8代目当主大矢俊介さんは常に新しいものを見出しています。この低アルコール酒もその一つ。アルコール度数12度なのでクイーン。原酒ですが、度数が低いためすいすいと飲めてしまいます。日本酒初心者にもオススメです。

山－東京うどの旨煮
海－炙り畳鰯

八寸皿＝ティファニーブルーボックスプレート　酒器＝能作　片口　猪口

福井県

福井県は、緑豊かな山々、若狭の清らかな水の流れで「越山若水」と呼ばれます。また冬の厳しい寒さも酒造りに適しており、銘酒の多い県でもあります。へしこなど、八寸にぴったりの郷土料理もたくさん。そんな中から、小鯛の笹漬けとたくわん煮を取り上げました。

小鯛笹漬け

若狭を代表する郷土料理で、特産品でもありますね。小鯛を三枚におろし、腹骨、中骨を取ってから塩をして、酢〆にし、笹で挟むか包んで保存します。笹には良い香りと防腐効果もあり、日持ちがよくなる調理法です。市販品もあります。

たくわん煮

たくわんを水に浸け、適度に塩気を抜いてから、ごま油で炒め、唐辛子を入れ、味醂・醤油・砂糖でゆっくりと煮ます。別名ぜいたく煮。北陸全般にみられる郷土料理で、市販品もあります。

梵 ときしらず 純米吟醸（加藤吉平商店）

5度で五年熟成されたお酒で、低温でじっくりと熟成させることによって、まろみと馥郁とした深い味わいが生まれています。「ワイングラスでおいしい日本酒アワード2018」など各賞で金賞受賞。

特吟50 黒龍（黒龍酒造）

福井を代表する銘柄、黒龍。柑橘や青りんご様のフレッシュ感ある吟醸香がほのかに香り、滑らかなテクスチャー、落ち着いた味わいで、茶事にうってつけの一本。

伝心 純米吟醸 春（一本義久保本店）

搾りたての新酒を無濾過・非加熱で瓶詰めした一本。アルコールのドライ感後、優しいとろっとした甘味がきて、また酸でキレるというユニークな味わい。原料米は「五百万石」と「山田錦」。春の限定酒です。

山－たくわん煮

海－小鯛笹漬け

八寸皿＝髙橋正人作　酒器＝越前焼

高知県

温暖で多日照の高知は、収益性の高い施設園芸産地で、ナスやピーマン、トマト、文旦など農作物が充実しています。また、日本最後の清流といわれる四万十川のほか、仁淀川など四国山地に源を発する清流が多くあり、鮎をはじめ青海苔や川海老などの自然の恵みもたくさん。酒もかつては〝土佐の辛口男酒〟と言われていましたが、現在は様々な個性派のお酒が造られています。

生節の柚子風味（市販品）

高知といえば鰹！　初風炉などではたたきが向付で出てきますが、保存性に富んだ生節も、和え物で強肴にしたり、そのまま切って八寸にしたりと大変便利です。今回は市販の柚子風味生節を求めました。

ピーマン焼き

ピーマンも高知名物ですよね。丸ごと焼くと、より甘さが出てきますので、焼いてから食べやすい大きさに切り、種を取り除きましょう。また温かいうちに薄塩を振るのをお忘れなく。

土佐しらぎく　純米吟醸（仙頭酒造場）

滑らかな口当たりと、山田錦らしい甘やかさもあり、バランスが素晴らしい一本。「SAKE COMPETITION 2017 純米吟醸部門1位」受賞酒です。

文佳人　辛口純米酒（アリサワ）

きっとしたこれぞ辛口な味わいですが、しっかと米の風味もあり、料理に合わせやすい一本。上立ち香は穏やかなバナナ様の吟醸香。幅広い温度帯で活躍してくれます。

亀泉　純米吟醸原酒　生（亀泉酒造）

高知のオリジナル酵母で醸した、香り高く甘酸っぱい味わいの一本。原酒ですが、アルコール度は14度と低めなので、普段日本酒を飲まれない女性にも人気です。しっかり冷やして提供を。

山―ピーマン焼き
海―生節の柚子風味

八寸皿＝七宝柄四方ガラス皿　酒器＝バカラ・ローハングラス

熊本県

熊本県には、千を超える湧き水群があり、良質の水に恵まれた地域で、焼酎のみならず、日本酒も健闘しています。食文化では、なんといっても馬肉でしょう。また辛子蓮根、一文字のぐるぐるなど全国に知れ渡る郷土料理もあります。ここでは、海山とも市販品で構成してみました。

馬肉ジャーキー（市販品）

馬肉はくせもなく、低カロリー高たんぱく、鉄分豊富な優秀なお肉です。そのジャーキーは保存も利きますし、急な茶事にも便利です。ソフトタイプのものをお買い求めください。

焼き板わかめ（市販品）

新物の若布を伸して板状にし、焼いたものが市販されています。細かく崩れないように、食べやすい大きさに割って盛り付けてください。出す前に軽く炙るとさらに風味が増します。

純米酒　菜々（瑞鷹）

菜種を収穫した後、残渣を田んぼの肥やしにした健康な土から育った米から作られるので〝菜々〟。酒米は福岡県で開発された「吟のさと」を使用。アルコール度数も17度と高く、米の旨味もしっかりとしています。燗映えする一本です。

純米大吟醸　花の香　和水《なごみ》（花の香酒造）

菊池川の水を使用し、同じ流域の和水地区で育てた山田錦100％で醸した純米大吟醸。滑らかな口あたりとメロンのような吟醸香が心地よい一本です。15度～20度くらいが美味しい温度。

香露　純米吟醸（熊本県酒造研究所）

穏やかな吟醸香と米のコクが、料理とともに口内で一体化してさらに両方の良さを引き出す一本。「きょうかい9号酵母」の元株でもある「熊本酵母」発祥蔵でもあります。

山－焼き板わかめ
海－馬肉ジャーキー

八寸皿＝白満月四方皿　酒器＝森山宗彦

レッスン4

日本酒とのマリアージュを楽しむ　地方八寸

茶事に合わせる日本酒の選び方

〜わかりやすい香味による四つの分類〜

茶事に欠かせない日本酒。ここでは香味特性別に四分類して、その解説と茶事ではどんなシーンに合うのか、また適した酒器をご紹介します。

亀泉純米吟醸原酒（高知県・亀泉酒造）

日本酒度 -15 度という甘口なのですが、まったく甘だれないお酒です。アルコール度数もやや低めの設定なので、飲みやすく、かつての日本酒の概念を打ち破ってくれます。P72 でもご紹介しています。

薫

華やかな香りに包まれて

青りんごやメロン、バナナなどのフルーティで華やかな香りが特徴です。特定名称酒では、純米大吟醸、大吟醸などに多くみられます。滑らかな舌触りと柔らかな甘味をもったものが多いです。提供温度は15度前後がよいかと思います。

茶事では、あまり香りが強すぎないものがよいのですが、一献目なら華やかなお酒があってもよいかと思います。

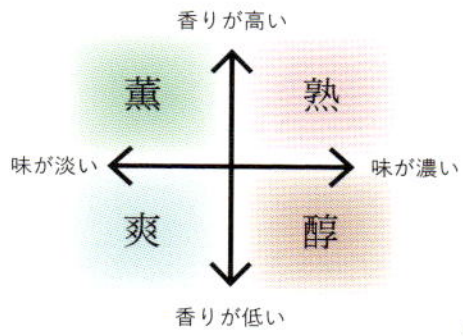

こんな形のグラスがおすすめ！

酒器は香りが感じやすい、表面積が広いラッパ型か、ブルゴーニュワイングラスなどが適しています。

爽

八海山 吟醸酒
（新潟県・八海醸造）

すっきりさっぱり爽快感

香りは穏やかで、味わいはすっきりとシンプルで軽快なタイプです。

提供温度は、10度前後でよりキレを楽しむか、45度くらいの燗でドライな後味を楽しむのがよいかと思います。

万能に料理に合い、ウオッシュ効果もあるので、茶事には向いていいます。一つの銘柄で、徐々に温度を上げて三献を構成するもの面白いのではないでしょうか。

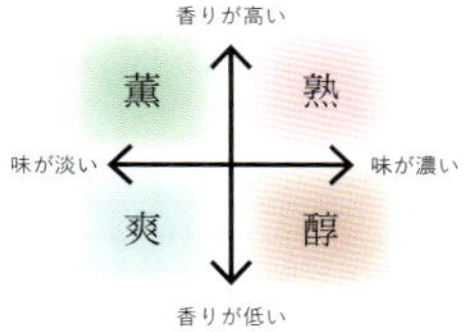

すっきり軽快なタイプの代名詞のようなお酒ですが、味のバランスも秀逸なので、長きに渡り愛されているのだと思います。直営店「千年こうじや」では肴にピッタリの発酵食品にも力を注いでいます。

こんな形のグラスがおすすめ！

酒器は、シンプルな香りと味わいが生きる口径の小さなものが適しています。フルートグラスや細長い猪口などでどうぞ。

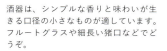

地方八寸

熟

味も香りも深く楽しむ

熟成がもたらす複雑な風味が特徴。香りははちみつやチョコレート、さらに進むとカラメル、スパイスのような香りもしてきます。精米歩合や保存方法、保存期間などの違いで、非常にバラエティ豊かです。

提供温度は、熟成具合にもよるのですが、常温から人肌くらいまでがよいでしょう。

個性派のお酒なので、茶事に出すならば、ユニークな趣向の時がいいですね。八寸もP58のような中国料理などを合わせるとピッタリきます。

金時
（岐阜県・林本店）

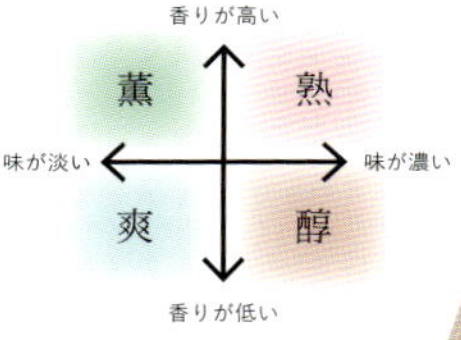

樫樽熟成させた純米酒。アルコール度数18~19度と強めながらも、熟成による滑らかな舌触りと、複雑な香りと味わいが楽しめます。秋から冬にかけて向き。

こんな形のグラスがおすすめ！

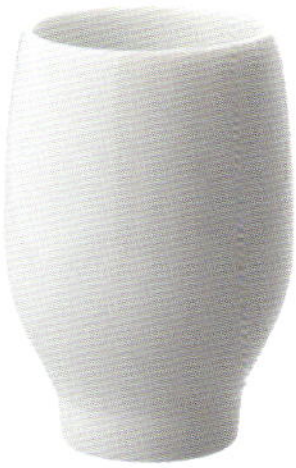

酒器は、口径が小さく、ボディに膨らみがあるようなグラスか、小さめのシェリーグラスなどで。

醇

しっかり旨味を堪能

原料のお米のふくよかな香りと、厚みのあるコクのある味わいが特徴です。純米酒や、生もと系酒母で作られたものが多いです。広い温度に対応できますが、あまり低い温度ですとせっかくの旨味がうまく出てきませんので、常温から45度くらいまでの燗がよいかと思います。

茶事には爽酒とともに、もっとも合う酒の一つです。ただあまりボディがありすぎるお酒を選んでしまうとお酒のほうが勝ってしまうので注意です！

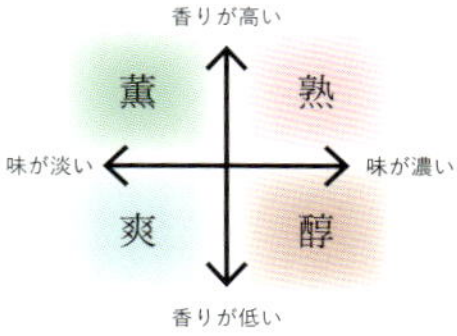

黒帯 悠々

（石川県・福光屋）

米の風味とコクが際立つ辛口酒。冷やしてシャープさを出すもよし、燗にしてふくよかさを楽しむもよしです。全量契約特別栽培米を使用し、純米大吟醸酒を混和して蔵で熟成したお酒です。

こんな形のグラスがおすすめ！

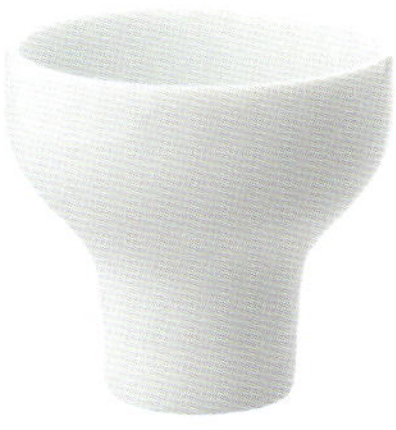

酒器は、口径が広い平盃や口径も広く腰の張ったワングリ型などが向いています。

おもてなしにもおすすめ
地方八寸編

P73の「ピーマン焼き」と「生節の柚子風味」。八寸で海山と分けて盛り付けていたものを、マヨネーズやポン酢で和えると、また新たな酒肴の出来上がりです。つまり無限大のアレンジが利くということですね。

もっと楽しみたい

地方八寸と日本酒

1 七賢スパークリング（山梨県）

日本酒にもスパークリング系が増えてきました。五年もの開発期間を費やしただけあって、瓶内二次発酵によるきめ細かな泡立ちと、穏やかな吟醸香が素晴らしい一本です。アルコール度数も控えめですので、茶事にも大丈夫です。ガス圧が高めですので、必ずしっかりと冷やして、注意して開けてください。山ノ霞のほかに、星ノ輝、杜ノ奏があります。

2 育子の酒（徳島県）

かつて「森の翠」という銘酒があり、その杜氏が四国初の女性杜氏、宇高育子さんでした。蔵が廃業になってしまい、杜氏もお休みしていたのですが、一〇年ぶりに新天地、三芳菊酒造で杜氏として復帰されています。このお酒は、純米大吟醸の生原酒で、滑らかなドライ感があり、キレのよい仕上がりです。

3 にいだしぜんしゅ（福島県）

無農薬、無化学肥料で育てた米で醸すことにこだわり続ける創業三〇〇余年の仁井田本家の定番酒です。もちろん純米酒のみ、水も阿武隈山系の天然水二種を使用、醸造用乳酸の添加も二〇一三年からやめてしまった徹底ぶり。なんとも優しい米の味が口いっぱいに広がります。常温から四五度くらいでお楽しみください。

4 七冠馬（島根県）

七冠馬のシリーズ中、純米吟醸一番人気をピックアップします。このお酒は香り、味わいのバランスがきれいで、どんな料理にも合いますが、とりわけ日本料理の食中酒として理想的です。原料山田錦のほのかな甘味もうまく引き出しており、また味わいの奥深さは出雲酒の特徴がよく出ておりだな、と思わせます。蔵元は泡なし酵母発祥蔵でもあります。

5 而今（三重県）

現在流通する酒米のほんどのルーツとなっている雄町米を使用した純米吟醸。素晴らしいバランスとほのかな甘酸っぱさ、無濾過生酒ならではのフレッシュ感を味わってください。ただ、もっとも買えないお酒の一つです。石数が少ないためデパートなどには一切出回らず、特約店のみの扱いです。今を切に生きるという〝而今〟の名の通り真摯な一本です。

5　4　3　2　1

入江 column

進化する酒器たち

早くから日本酒のさまざまなタイプ別にグラスを提案してきた木本硝子。口元の繊細な返しとボディのふくらみによって、あらゆるタイプの日本酒の香りと味をより引き立てるｅｓシリーズ（写真上）は、人間工学に基づき設計されているので手にしっくりなじむ持ちやすさもあり、人気を集めています。

そしてワイングラスといえば……なリーデル社も日本酒グラスに乗り出しています。大吟醸グラスに次いで、純米酒グラスも登場しました。

お酒を嗜まれないお客様には

八寸や強肴にお酒は欠かせないものではありますが、ご酒を嗜まれない方にもその気分は楽しんでいただきたいもの。

クリスマスの茶事や趣向でワインを茶事で出すときは、ぜひワイン原料のぶどうジュースをお求めいただき、お酒を嗜まれないお客様にも同じように酒器に入れておすすめしましょう。

また日本酒を召し上がれない方には、炭酸水などを出されることが多いです。

ふるさとショップに行ってみよう！

ふるさとショップには、普段なかなかお目にかかれない、
新鮮な山菜や現地のフレッシュな野菜、特産品が充実しています。
八寸に、ちょっと珍しいものをお出しするのも一興かと思います。
東京での主だったふるさとショップをご紹介します。
有楽町・東京駅界隈に集中しているので、回るのも便利です。

■ **北海道**
北海道どさんこプラザ
https://www.dosanko-plaza.jp
北海道フーディスト
www.foodist.co.jp

■ **青森県**
あおもり北彩館東京店
https://www.hokusaikan.com

■ **岩手県**
いわて銀河プラザ
www.iwate-ginpla.net

■ **秋田県**
秋田ふるさと館
http://www.a-bussan.jp/shop/tokyo/index.html
あきた美彩館
http://www.akita-bisaikan.jp

■ **宮城県**
宮城ふるさとプラザ
cocomiyagi.jp

■ **山形県**
おいしい山形プラザ
oishii-yamagata.jp

■ **福島県**
日本橋ふくしま館　MIDETTE
midette.com

■ **富山県**
いきいき富山館
toyamakan.jp

■ **石川県**
いしかわ百万石物語・江戸本店
100mangokushop.jp

■ **福井県**
ふくい南青山291
https://fukui.291ma.jp

■ **新潟県**
表参道・新潟館ネスパス
https://www.nico.or.jp/nespace/

■ **山梨県**
富士の国　やまなし館
www.yamanashi-kankou.jp/tokyo/

■ **大阪府**
浪花のえぇもんうまいもん 大阪百貨店
www.osaka-hyakkaten.jp

■ **奈良県**
奈良まほろば館
https://www.mahoroba-kan.jp

■ **鳥取県・岡山県**
とっとり・おかやま新橋館
www.torioka.com

■ **島根県**
にほんばし島根館
www.shimanekan.jp

■ **香川県・愛媛県**
香川・愛媛せとうち旬彩館
www.setouchi-shunsaikan.com

■ **広島県**
ひろしまブランドショップTAU
www.tau-hiroshima.jp

■ **高知県**
まるごと高知
www.marugotokochi.com

■ **山口県**
おいでませ山口館
www.oidemase-t.jp

■ **熊本県**
銀座熊本館
www.kumamotokan.or.jp

■ **鹿児島県**
かごしま遊楽館
https://www.pref.kagoshima.jp/yurakukan/

■ **宮崎県**
新宿みやざき館　KONNE
https://www.konne.jp

■ **長崎県**
日本橋 長崎館
http://www.nagasakikan.jp

■ **沖縄県**
銀座わしたショップ本店
https://www.washita.co.jp/info/shop/ginza/

そのほか、総合的に各地の物産が置いてあるところ
むらからまちから館
murakara.shokokai.or.jp

まるごとにっぽん
https://marugotonippon.com

強肴

そもそも強肴とはなんですか？

八寸の主客献酬が終わったあと、さらにもう一品……という亭主の心入れで出される酒の肴で、進肴とも言います。

烏賊の塩辛や鰹の酒盗、うるか、このわたなどの塩辛い珍味がよく出されますが、現代はお酒のバリエーションも広がっていますし、諸外国の料理も日常に入ってきています。もっと創意工夫ある肴にしたいものですね。

なお、焼き物の後に出る炊き合わせや和え物など、預け鉢のことを言う場合もありますが、ここでは、酒の肴としての強肴のバリエーションをいろいろとご提案したいと思います。

『もう一献のための酒の肴』です

柚子の皮の砂糖漬け

私が出合った究極の強肴は、この「柚子の皮の砂糖漬け」。柚子2個の皮をむき、皮の白い綿を取り、千切りにして、砂糖大さじ2〜3を振りかけるだけ。酒とともに口に含めば柚子の香りと酒の旨味が広がって、美味です。

茶懐石における「強肴」の基本

八寸のあとの一品であることを意識

本来、なくもがなの料理ですが、お酒好きのお客様だったりした場合、あるいは焼き物だけで預け鉢を出さなかった場合で少しもの足りないなと感じたら、少量の気の利いた肴を出しましょう。

お浸し、和え物がオススメ

86ページでも書きましたが、強肴というと珍味が思い浮かぶかと思いますが、お酒を飲むとのどが渇きますし、お浸しや和え物など、少し汁気のある肴はかなり魅力的かと思います。

出さないほうがよい茶事

朝茶事は、そもそも焼き物もないほどシンプルですし、お点前も続き薄茶が原則ですので、盃事が長引くような強肴は出さないほうが賢明です。暁の茶事も行われる時間帯を考慮し、献立も少ないので、強肴は出しません。

器

少量だからこそ、時代物だったり唐物などの器をさりげなく使うと、侘びた感じも出せてよいかと思います。

箸

通常は杉の矢筈が使われることが多いですが、器に合う長さが大事です。また、器を傷つけるような金属製の箸は使用しないよう、気を付けてください。

■強肴

小鉢を使うことが多いですが、そば猪口、深めの向付などいろいろな器が用いられます。

レッスン Lesson 1

「浸す」強肴

浸し地に漬けるだけのこの料理は、簡単そうに見えますが、茹で加減、絞り加減と〝加減〟が命。ほうれん草のお浸しで基本を学び、トッピング技でアレンジ力をつけてください。

浸す

「お浸し」の極意

【茹でたらすぐに冷水で色止め！】
【浸し地は一〇対一と覚える！】

ほうれん草のお浸し

［材料］
ほうれん草1/2把、
鰹節（お好みで）
〈浸し地〉出汁100cc、
淡口醤油10cc

1

2

3

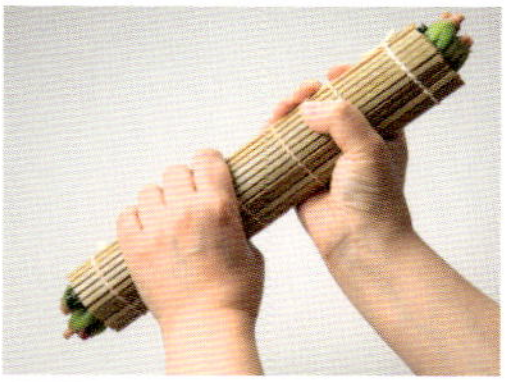

4

［作り方］

1ほうれん草は、なるべく茹でる30分前に水に浸けておきます。

2 1を根のほうから熱湯に入れてさっと茹でます。時間の目安は再沸騰直前までの2分程度です。

3冷水にとり、色止めして巻きすで巻いて水気を絞ります。

4出汁に淡口醤油を入れて浸し地を作り、1を3㎝程度に切って10分くらい浸します。

5器に盛り付け、お好みで鰹節を振ります。

レッスン 1
「浸す」強肴

トッピングで変化をつけましょう 1

シンプルなほうれん草のお浸しに、ちょっとしたトッピングを載せるだけで大きく印象が変わります。塩昆布やしらす、椎茸など、おうちにいつでもある材料でみるみる変化がつきます。

＋焼き椎茸

椎茸は軸をとり、さっと表裏焼いて、スライスし、葉物と一緒に浸し地に加えます。椎茸の旨味成分も加わり、より美味しくなります。

＋しらす

さっと茹でて、上に載せるだけですが、それだけで〝春〟を感じますし、緑に白色が加わるときれいですね。またしらすの旨味もプラスされます。

『定番はおかかや胡麻。食感のアクセントになる食材を選ぶと、お浸しとの相性がいいようです』

＋塩昆布

塩昆布も、とてもありがたいトッピング材料。これ自体が強肴ですね。塩気が強いので、使う場合は浸し地の醤油はぽたぽた程度にしてください。

レッスン1
「浸す」強肴

トッピングで変化をつけましょう2

本来、ほうれん草の旬は冬。やはりその季節の食材との組み合わせがしっくりきます。秋から冬にかけてのトッピングは、もちろんこの二種。

＋菊花

菊花は黄色いものは香りが、紫のものは甘味が強いです。どちらもたっぷりのお湯に酢と塩少々を入れて茹でてください。ほんの数秒で茹であがります。冷水にとって色止めしてから使います。

『ほうれん草を選ぶ時には、葉がピンと張っていること、茎の太さ、根元のみずみずしさをチェックしましょう』

＋なめこ

なめこは粒の揃ったものを買い、さっと茹でて、生上げ（P33参照）して水気を切ってから合わせましょう。くたっとなりすぎないよう、茹で時間は数十秒でOKです。

お浸しに向く青菜

ほうれん草はいつでも購入できる青菜として便利ですが、ほかに淡い緑が美しい水菜や壬生菜、お浸しにするとアントシアニンが溶け出して紫色になる水前寺菜、サクサクした食感で椀妻にも使われるつる菜、ぬめりが楽しいつる紫などたくさん。季節ごとに使われるとよいかと思います。

レッスン Lesson 2 「和える」強肴

和え物は具と衣の組み合わせ次第でバリエーションは無限大に広がります。チーズは調味のいらない便利な衣です。ぜひお試しください。見事に和食とマッチします。

「和ぇ物」の極意

【脱水を防ぐため、食べる直前に和える！】
【具の汁気はしっかりと取る！】

インパクト和え衣1「クリームチーズ」

魚卵などとも合います。
ちょっと変化球な衣をお試しください。

クリームチーズと漬け物の和え物三種
いぶりがっことクリームチーズ

しば漬けと クリームチーズ

［材料と作り方］

漬け物各種は適当な大きさに刻み、水気をしっかり絞ります。クリームチーズ7〜8対漬け物2〜3くらいの割合で和えると良いでしょう。漬け物が30％を超えないように注意してください。

刻み生姜の醤油漬けと クリームチーズ

具には漬け物がオススメ

クリームチーズに合わせる具には漬け物が便利です。どちらも茹でるなどの下準備がいらず、調味も必要ありません。今回ご紹介しているもの以外にも、たくわんや福神漬け、赤蕪漬け、奈良漬けなど素晴らしい漬け物が各地にはたくさんあります。ぜひいろいろな漬け物でトライしてみてください。

レッスン2
「和える」強肴

インパクト和え衣2「パルミジャーノ・レッジャーノ」

しっかりとした旨味を持ち、しかも細かく削って使える。言うなれば、鰹節のような効果を発揮するのが、このイタリア生まれのチーズです。日本酒でもワインでも。

丘ひじきのパルミジャーノ・レッジャーノ和え

［材料（作りやすい分量）］
丘ひじき1パック、パルミジャーノ・レッジャーノ30g、オリーブオイル・レモン汁各大さじ1、塩適量

［作り方］
1 丘ひじきは熱湯に塩一つまみを加えて茹で、冷水に取り、水気を切ったら食べやすい長さに切っておきます。
2 ボウルに切った丘ひじき、オリーブオイル、レモン汁、塩少々を加えて混ぜ、パルミジャーノ・レッジャーノをすり下ろしながら混ぜます。

ガラスの器に盛るのもおすすめです。

レッスン2
「和える」強肴

インパクト和え衣3
「マヨネーズ」「卯の花」

華やかな紅色も嬉しいスモークサーモン。サラダ感覚でもいただける二種をご紹介しましょう。衣はマヨネーズや卯の花。見落とされがちですが、使える衣です。

スモークサーモンとアボカドの山葵醤油マヨ和え

［材　料（作りやすい分量）］
スモークサーモン50g、アボカド1/2個、山葵小さじ1/2、醤油・マヨネーズ各小さじ1、ディル少々

［作り方］
1スモークサーモンは食べやすい大きさに切ります。
2アボカドは種を取り除いて1・5㎝四方のキューブ型に切ります。
3ボウルに調味料と刻んだディルを入れて、1と2を加え混ぜ合わせます。

スモークサーモンの卯の花和え

［材料］
スモークサーモン40g、おから50g、胡瓜1/5本、出汁大さじ3、砂糖・酢各小さじ1、塩少々

［作り方］
1おからを鍋に入れ、出汁、砂糖、酢を加え、ぱらっとしつつも少し湿り気が残る程度に煎ります。
2スモークサーモンは食べやすい大きさに切ります。
3胡瓜は短冊に切って、立て塩（P33参照）に5分くらい浸けて軽く絞ります。
42、3を1で和えます。

レッスン3 Lesson
「お助け食材」強肴

「もう一献のお供が欲しい……」。そんなときは冷蔵庫を開けてみましょう。「魚卵」、「豆腐」、「大根」のいずれかさえあれば、もう安心です。

1「魚卵」さえあれば!!

珍味のイメージが強い、魚卵の数々。そのままでいただくのも素敵な酒の肴ですが、ここはひと手間加えて。魚卵は和え衣としても大活躍します。

たらこ

数の子

いくら

生からすみ

辛子明太子

レッスン3
「お助け食材」1「魚卵」さえあれば!!

辛子明太子

辛子明太子と烏賊の大葉和え

［材　料］
辛子明太子50g、紋甲烏賊80g、大葉5枚

［作り方］
1紋甲烏賊は幅7㎜、厚さ2㎜、長さ3㎝程度に切ります。
2大葉は千切りにして水に放ち、アクが抜けたら水を切ります。
3しごいて皮を取り除いた辛子明太子に1と2を混ぜ合わせます。
＊烏賊のほか、いんげんや人参などの野菜と合わせても。

生からすみ

大根の生からすみのせ

［材料］
大根80g、生からすみ（瓶詰）適宜

［作り方］
大根は5cmの長さに切り、皮をむいて短冊に切り、生からすみを載せます。
＊生からすみは瓶詰で販売されています。適度な塩味がついているので調味料いらずです。

レッスン3
「お助け食材」1「魚卵」さえあれば!!

たらこ

たらこのじゃが和え

［材 料（作りやすい分量）］
たらこ50g、じゃがいも（中）1個、塩・胡椒・オリーブオイル各少々

［作り方］
1じゃがいもは皮をむいて茹で、つぶしておきます。
2たらこはしごいて皮を取り除き、1と混ぜ合わせます。混ぜて固いようならオリーブオイルを少々加え、味加減が薄いようなら、塩・胡椒少々で調整します。

『おなじみのタラモサラダも強肴に。油分を控えると グッと和なテイストになります』

数の子

いくら

長芋とんぶりのいくらのせ

［材料（作りやすい分量）］

長芋150g、とんぶり大さじ1、三つ葉適宜、いくら適宜

〈かけ地〉

酢橘果汁・醤油各小さじ1

［作り方］

1 長芋は皮をむいて、長さ3〜4cmのマッチ棒程度に切っておきます。

2 とんぶりは洗って水を切っておきます。

3 三つ葉は軸と葉を分け、軸だけ茹でて水にとり、1cmの長さに切っておきます。

4 1と2を和えて、いくらと3の軸三つ葉を天盛りにし、かけ地をかけます。

数の子の酒粕和え

［材料（作りやすい分量）］

味付け数の子（市販品）50g、酒粕30g、切り昆布少々

［作り方］

1 味付け数の子は食べやすい大きさにほぐしておきます。

2 酒粕は固いようなら水（分量外）を少し加えしばらくおき、柔らかくなったら一度裏ごししておきます。2に1と切り昆布少々を加え、和えます。

レッスン3
「お助け食材」

2「大根おろし」さえあれば!!

江戸のころから、さまざまな形で重宝されてきた「大根おろし」。もちろん和え物にも欠かすことはできません。しっかりした大根を選んでおろし、きちんと水気を切ってから使います。

大根の鬼おろしの作り方

1 大根を持ちやすい大きさに切り、薄めに皮をむきます。

2 ボウルの上にざるを重ね、水で濡らした鬼おろしで、大根をおろします。力を入れすぎると怪我をしますので注意してください。

3 おろし終わったら、ざるにあげ、水気を切ります。

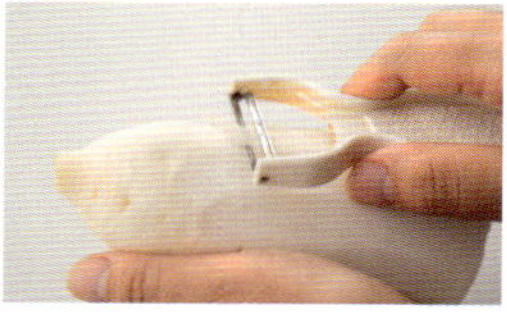
1

2

3

左が鬼おろしでおろした大根おろし。普通のおろし器でおろしたものと表情が明らかに違います。

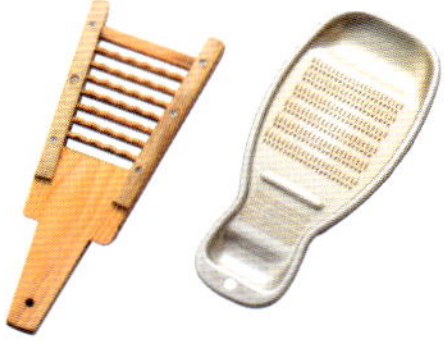

鬼おろし器は大きめのものが扱いやすくておすすめですが、収納を考えるご家庭なら小型版でも。おろし器は置いておろすタイプも重宝します。

ポイント

- 大根は葉に近いほうが甘く、根に近いほうが辛いです。おろしてみて辛ければボウルに水を汲んでその中ですすぎ、辛さの調整をしてください。
- 大根は、ずしりと重いものが新鮮です。乾燥に弱いので、保存は濡らした新聞紙に包んでからラップをしておきましょう。
- 鬼おろしは普通の大根おろしよりおろした時の粒が大きいので、食感が楽しめます。また、脱水もあまりありません。

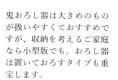

しもつかれ

［材 料］
大根200g、人参10g、干し椎茸1枚、木耳少々、大豆（節分豆でも）20g、水出汁＋干し椎茸の戻し汁150cc、酒・淡口醤油・酒各大さじ1/2

［作り方］

1大根は洗って鬼おろしでおろします。

2人参は、1㎝四方の薄切りにします。

3干し椎茸は戻して、人参と同じくらいの大きさに切ります。

4木耳は戻してさっと茹でて細く切ります。

5大豆は5分程度弱火で炒ってから2枚のまな板で挟み、ごろごろと上のまな板だけスライドさせ、皮をむきつつ二つに割ります。

この作業が面倒なら、節分のお豆をそのまま使ってください。

6鍋に水出汁と椎茸の戻し汁、大豆、人参を入れ5分くらい煮てから、大根おろし、その他の材料も加え、あくを取りつつ数分煮て、最後に調味料で味を調えます。

＊水出汁とは水で出した昆布出汁のこと。できれば、前日から冷蔵庫で仕込んでおきます。

浦里

［材　料］

大根 150g、梅干し 1個、
大葉 5枚、煎り胡麻 小さじ1、
鰹節適宜、もみ海苔・醤油各少々

［作り方］

1 大根は鬼おろしでおろして、ざるにあげ、余分な水分を切ります。

2 梅干しは種を取り除き、軽く包丁でたたいておきます。

3 大葉はざく切りにするか千切りにし、水に放っておきます。

4 ボウルに1、2と水気を切った3を入れ、さらに鰹節、煎り胡麻を加えてよく混ぜて味見をし、もし薄いようだったら醤油を加えて、味を調えます。

5 器に盛って、もみ海苔を天に載せます。

レッスン3

「お助け食材」2「大根おろし」さえあれば!!

春貝のみぞれ和え

『大根おろしを使った、早春にぴったりの強肴二種』

器＝中里重利作

［材料］

大根100g、赤貝・とり貝各2個、うど3cm

〈三杯酢〉酢・淡口醬油・昆布出汁各大さじ1、砂糖少々

［作り方］

1 貝は立て塩（P33参照）で洗って、5mm幅に切ります。

2 うどはマッチ棒程度に切って酢水（分量外）に浸けておきます。

3 大根は鬼おろしでおろし、水分を切って三杯酢を少しずつ混ぜ、ほどよい味にして1、2を混ぜ合わせます。

＊大根おろしの水分の切れ具合によって、三杯酢の量はだいぶ変わりますので味見しながら調味してください。

＊貝類は、春が旬のものが多いです。平貝、北寄貝、青柳、栄螺などでも美味しく作れますよ。

しらすと菜花のおろし和え

［材 料］

大根１００g、しらす30g、菜花2本、出汁大さじ1、梅酢小さじ1弱

［作り方］

1 しらすはさっと茹でて、ざるにあげておきます。

2 大根は1／5を5㎜角に切り、残りはおろしにし、ざるにあげて余分な水分を切っておきます。

3 菜花は茹でて水に取り、長さ1㎝に切って淡口醤油洗い（分量外）をしておきます。

4 1〜3に出汁を加えて混ぜ合わせ、盛り付けてからところどころに梅酢をたらします。

＊淡口醤油洗いとは、食材に下味をつける簡単な方法。醤油をまぶしたら漬けておかずに、すぐに捨てます。

レッスン3

「お助け食材」2「大根おろし」さえあれば!!

金柑のみぞれ和え

［材 料］

金柑2個、大根150g、甘酢大さじ1（酢1対砂糖1の割合）

［作り方］

1 大根はおろし、ざるで余分な水分を切り、甘酢で味を付けておきます。

2 金柑をスライスし、1に混ぜます。

『大根おろしと甘酢と柑橘。冬の強肴にもってこいです』

雪南天

［材 料］

大根おろし100g、甘酢（酢1対砂糖1の割合）大さじ1、柚子の皮適宜、いくら適宜

［作り方］

大根はおろし、余分な水分を切り、甘酢、あられに切った柚子の皮を加え混ぜて器に盛り付け、その上にいくらを載せます。

レッスン3
「お助け食材」

3「豆腐」さえあれば!!

豆腐。これこそまさに日本人の食卓の宝物です。生でよし、茹でてよし、焼いてよしの万能選手。最強のお助け食材です。ここでは強肴として使いやすい「白和え」と「炒り豆腐」、「雷豆腐」をご紹介。江戸気分もあふれる献立を選びました。

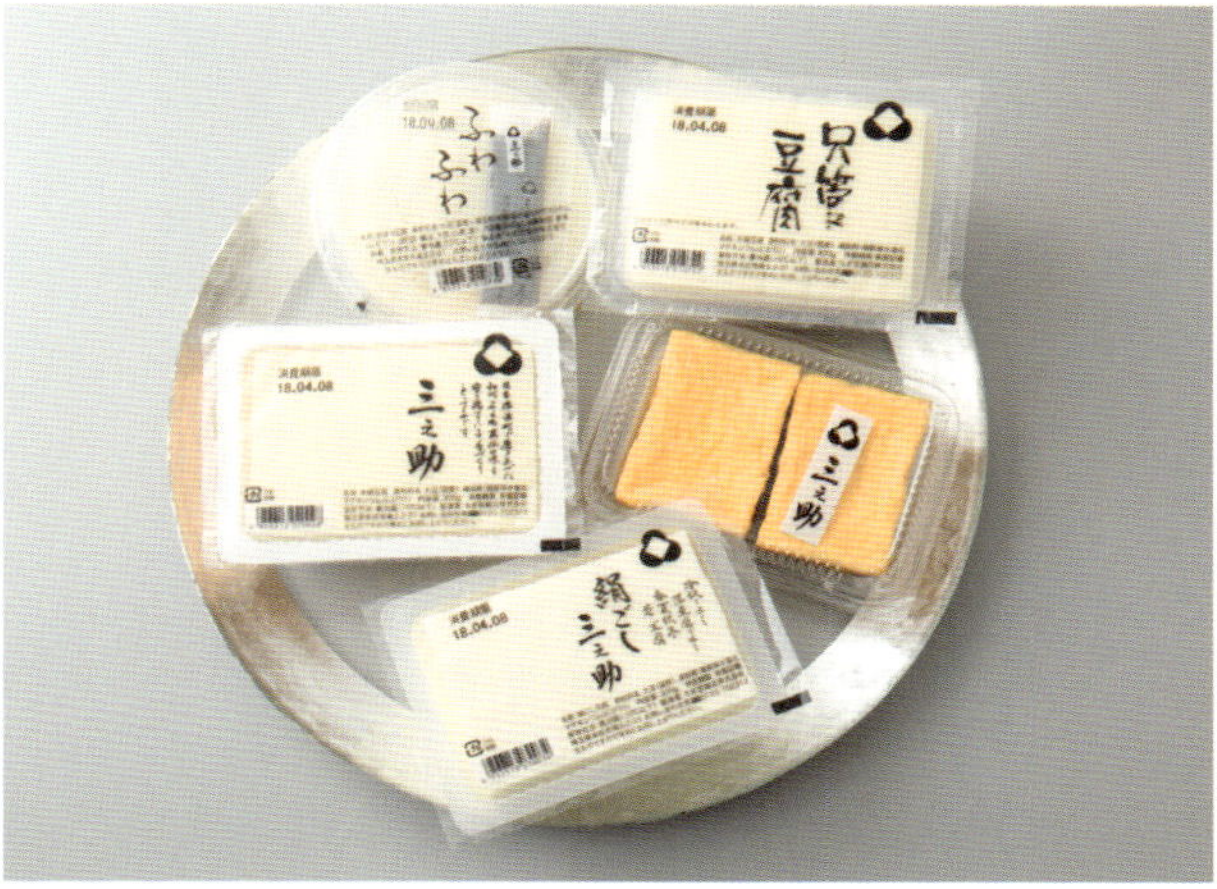

ひとくちに豆腐といっても、絹ごしから、木綿、寄せ豆腐など、種類はさまざま。そしてお揚げや厚揚げといったお豆腐からの加工品もたくさんあります。長らく日本の食卓を支えてきた味を、この先もずっと伝え続けていきたいものです。

□豆腐の下ごしらえ

1

木綿豆腐1丁を6〜8等分に切り、沸騰した湯の中に入れて2〜3分茹でます。

2

ボウルの上に盆ざるを置き、その上にキッチンペーパーを敷いて、1の豆腐を載せ、水気を切ります。

3

木べらなどで軽く上から押さえます。

4

濁った汁が出るまでが目安です。

5

ボウルの上に裏漉し器を置いて、4の豆腐を載せ、裏漉しします。このとき裏漉し器の目に対して対角線状に木べらを動かすときれいに裏漉せます。

レッスン3

「お助け食材」3「豆腐」さえあれば!!

和え衣の味付け、決まらない方も多いかと思いますが、こんな風に考えると簡単です。和える材料にしっかり下味がついていれば、衣の味付けはほとんどなし。具に味がついていなければ、衣にはしっかりと味をつけてください。季節によって、例えば夏なら衣は豆腐だけでさっぱりと、秋から冬になったら隠し味で胡桃や練り胡麻、酒粕などを忍ばせるとしっくり味が決まります。

『苺と豆腐?と驚かないで。ほのかな酸味がクセになる味わいです』

苺の白和え

［材　料］

苺5〜6粒

〈和え衣〉

下ごしらえした豆腐1/4丁分、酒粕大さじ1、砂糖小さじ1、塩少々

［作り方］

1 苺は縦1/2に切ります。大きいものなら1/4に。

2 和え衣の材料をすべてブレンダーに入れて滑らかになるまで攪拌し、1を和えます。ブレンダーがなければすり鉢を使ってください。

レッスン3
「お助け食材」3「豆腐」さえあれば!!

白和え2種

春菊と黄菊の白和え

［材料］

春菊1/3把、菊花3輪

〈和え衣〉下ごしらえした豆腐1/3丁分、練り胡麻大さじ1/2、砂糖小さじ1強、塩少々

［作り方］

1 春菊はさっと茹でて水に取り、軽く絞って3㎝に切って八方地（分量外：出汁40cc、味醂・淡口醤油各小さじ1）に浸けておきます。

2 菊は花びらだけをむしって、熱湯に塩と酢各少々（分量外）を加え、さっと茹で、水に取り、ざるにあげておきます。

3 下ごしらえした豆腐に調味料を混ぜ、汁気を切った1と2を和えます。

甘栗としめじの白和え

［材　料］
甘栗5～6粒、
しめじ1/4パック
〈和え衣〉下ごしらえした豆腐1/3丁分、練り胡麻大さじ1/2、砂糖小さじ1強、塩少々

［作り方］
1 甘栗は大きければ1/2に割っておきます。
2 しめじは3cm程度の長さに切り、さっと八方地（分量外：出汁40cc、味醂・淡口醤油各小さじ1）で炊いておきます。
3 下ごしらえした豆腐に調味料を混ぜ、1と汁気を切った2を和えます。

『鍋に豆腐を入れる時のジャーという大きな音が雷のようなので雷豆腐』

雷豆腐

［材　料（作りやすい分量）］
木綿豆腐1丁、胡麻油大さじ2、醤油大さじ1、たまり醤油大さじ1/2、茹で山椒の実大さじ1、大根おろし100g、三つ葉3本

［作り方］
1豆腐はしっかりと水切りしておきます。
2熱したフライパンに油を引き、1cm角に切った豆腐を入れて手早くかき混ぜつつ数分炒めて、水分が飛んできたら山椒の実を加えて調味し、盛り付けます。水気を切った大根おろしを載せ、茹で三つ葉を1センチに切って散らします。

煎り豆腐

［材　料（作りやすい分量）］

木綿豆腐1丁、人参40g、牛蒡30g、蒟蒻1/4枚、絹さや2〜3本、胡麻油適宜、淡口醤油大さじ2、砂糖大さじ1・1/2強、酒大さじ1、卵1個

［作り方］

1 人参、牛蒡は3cmの千切りにし、牛蒡だけしばらく水に放ってから水を切っておきます。

2 蒟蒻は3cmの長さの拍子木切りにし、茹でてざるにあげておきます。

3 絹さやは茹でて冷水に取り、長さ3cmの斜め薄切りにしておきます。

4 豆腐は5〜6等分にし、茹でて水を切っておきます（P117の手順4まで参照）。

5 鍋に胡麻油を引き、1、2を入れ炒め、油が回ってきたら、豆腐も加え炒め合わせます。

6 砂糖と酒を入れ混ざったところに淡口醤油を加え、さらに卵を溶いて加え、かき混ぜます。絹さやを加え、混ぜたら火を止めます。

調理前、調理中の心得

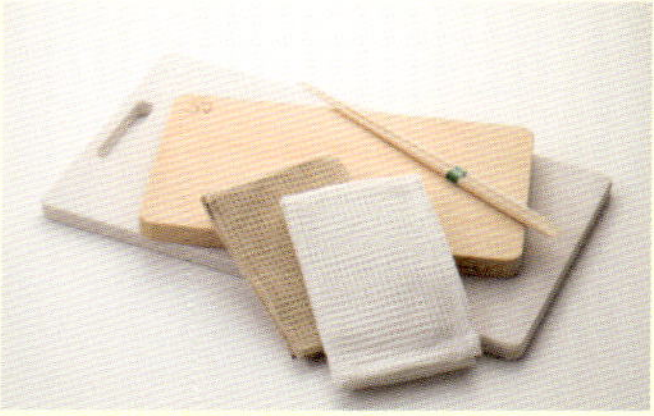

キッチンの衛生面の徹底チェックを

塩素系漂白剤などでシンクやまな板、布巾などを消毒しましょう。まな板は、調理の一工程が終わるたびに、きちんと水で洗って、しっかりと水気を拭くことを忘れずに。

冷蔵庫を開けっぱなしにしない

冷蔵庫を10秒開けていると、庫内の温度が10度上がってしまうこともあります。温度変化は食材の大敵。普段から庫内の整理を心掛けておくとよいですね。

味見は必ず行いましょう

きちんと分量を量りながら作っているからと安心せず、必ず味見をしましょう。何回もすると逆に味がわからなくなりますので、2回くらいがベストです。

味付けは「淡味」を心掛けて

茶懐石は「淡味」で。普段作る料理よりは、気持ち薄めに調味します。

出汁の引き方

材　料（作りやすい分量）

水…1ℓ

昆布…10g ＊水の1％目安

鰹節…25g ＊水の2～2.5％目安

作り方

1. 鍋に水を張り、昆布を入れて弱火にかけます。ふつふつと鍋底から泡が出てくる（小煮立ち）まで15分程度かけてゆっくりと昆布の旨味を引き出します。

2. 小煮立ちしたら昆布を取り出し火を止めます。

3. 火を止めてすぐに鰹節を入れ、1分くらい待って沈んだら、盆ざるにキッチンペーパー（強度のあるもの）を広げてこし、上から杓文字などで軽く押して出汁を引きます。

●沸騰は禁物です。ぐらぐらと煮立てると、出汁が濁る原因にもなり、昆布の磯臭さが出てしまいます。

おすすめ調味料

愛用の調味料をご紹介します。風味も製法も納得できる調味料を選ぶことは大切ですが、醤油や味噌でもっとも忘れてはならないのが「鮮度」。小さいサイズを購入して、なるべく早く使い切るのが理想的です。

酢

村山造酢
「千鳥酢」
chidorisu.co.jp

味醂

角谷文治郎商店
「有機三河味醂」
www.mikawamirin.com

淡口醤油

ヒガシマル醤油
「特選丸大豆うすくち」
www.higashimaru.co.jp

味噌

石野味噌
「上撰白味噌」「赤だし味噌」
www.ishinomiso.co.jp

鰹節

まるてん
「波頭」
www.katsuobushi.com

あとがき

八寸、強肴とはずいぶんマニアックなテーマでしたが、茶事ではお酒が三回ふるまわれるのに、どんなお酒や肴が向くとか、あまり言及している本がなく、ご参考になれば……と書かせていただきました。

三回お酒がふるまわれるうちの、特に今回のテーマである八寸のとき、亭主とお客様とが一つの盃で注ぎつ注がれついたします。千鳥のように盃が行き来するので〝千鳥の盃〟とも呼ばれます。

この盃事は、亭主とお客様との大事なコミュニケーションのひとときです。もちろん飲みすぎはいけませんが、美味しいお酒がふるまわれて、肴も気が利いていたとしたら、場もかなり和むのではないでしょうか。

私は懐石料理以外に酒匠・日本酒学講師として、國酒である日本酒の普及をライフワークにしています。

現在、日本酒は驚くべき進化を遂げ、季節を大事にする茶事にぴったりのその時期しか出回らないお酒もあるというのに、日本酒はラベルを見ただけでは、なかなかその酒質についてはわかりづらく、どんなお酒を買ったらいいのかわからないというお悩みをよく耳にいたします。

また、八寸は、見落とされがちです。さらに強肴となると、めったに出ることもなく、塩辛くらいしか思いつかないのではないでしょうか。

本書はそのためのネタ本です。日本酒については、なにせ全国に蔵元だけでも千社以上ありますので、ご紹介しきれなかったのですが、地方の郷土料理と地酒とを合わせるなど、いろいろとご提案をさせていただきました。

スタッフは『茶事の懐石料理がホントに一人で作れる本』と同じチームです。カメラマンの大見謝さんの写真は本当に格調あって美しく、それをまた素敵に米川さんがデザインくださり、校正の天川さんには誤字脱字でご迷惑をおかけし、調理補助の蓬原さんにも毎度お世話になり、編集者の中野さん、露木さんには、最後まで導いていただきました。

そして、日夜求道している同志の皆様、最後までお読みいただき、本当にありがとうございました。一座建立を目指して、ご一緒に頑張りましょう！

撮影 ―― 大見謝星斗（株式会社世界文化社）

調理協力 ―― 蓬原泉

撮影協力 ―― もぎ豆腐店株式会社
木本硝子株式会社

装丁・レイアウト ―― 米川リョク

編集 ―― 露木朋子
中野俊一（株式会社世界文化クリエイティブ）

校正 ―― 天川佳代子

お茶を楽しむ

八寸・強肴で困らない本

発行日　二〇一八年七月一〇日　初版第一刷発行

著　者　入江亮子

発行者　井澤豊一郎

発　行　株式会社世界文化社
〒一〇二-八一八七
東京都千代田区九段北四-二-二九
電話　〇三-三二六二-五一一五（販売部）

印刷・製本　株式会社リーブルテック

ISBN978-4-418-18321-0

＊内容に関するお問い合わせは、株式会社世界文化クリエイティブ
電話〇三（三二六二）六八一〇までお願いします。